SERVICE INTÉRIEUR

DES CORPS DE TROUPE

Volume mis à jour au 7 décembre 1912.

PARIS

HENRI CHARLES-LAVAUZELLE

Éditeur militaire

10, Rue Danton (Boulevard Saint-Germain, 118)

(EN JUILLET 1914 : BOULEVARD SAINT-GERMAIN, 124)

(MÊME MAISON A LIMOGES)

SERVICE INTÉRIEUR

DES CORPS DE TROUPE

Volume mis à jour au 7 décembre 1912.

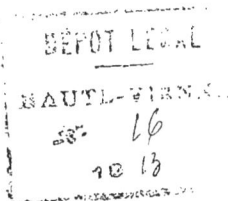

PARIS

HENRI CHARLES-LAVAUZELLE

Éditeur militaire

10, Rue Danton (Boulevard Saint-Germain, 118)

(EN JUILLET 1914 : BOULEVARD SAINT-GERMAIN, (24)

(MÊME MAISON A LIMOGES)

SERVICE INTÉRIEUR

DES CORPS DE TROUPE

Rapport au Président de la République française.

Paris, le 25 mai 1910.

Monsieur le Président,

La loi de recrutement du 21 mars 1905, en modifiant dans son essence même l'armée nationale, a nécessité une refonte complète de nos règlements de manœuvre.

Il a paru logique de poursuivre, parallèlement à cette refonte, la réfection des décrets du 20 octobre 1892 sur le service intérieur des corps de troupe : ce sont eux, en effet, qui régissent chaque jour l'armée dans sa vie intérieure, et il est nécessaire de les maintenir en constante harmonie avec les progrès modernes.

Cette tâche a été confiée à M. le général Gallieni, membre

du conseil supérieur de la guerre, et à la commission de revision du service intérieur, dont il a dirigé les travaux (1).

Dès ses premières séances, la commission a reconnu l'impossibilité de remanier partiellement les décrets de 1892 et la nécessité, pour mener à bien sa tâche, de partir de principes absolument nouveaux.

Avec la réduction de la durée du service militaire et l'élévation constante du niveau intellectuel des contingents, il a semblé nécessaire et possible de régler d'une façon plus large les détails de la vie quotidienne des corps, d'en éliminer les minuties et — à l'exemple des règlements de manœuvre — de faire appel à

---

(1) Composition de la commission :

MM. GALLIENI, général de division, membre du conseil supérieur de la guerre, *Président*.

Dubois, lieutenant-colonel d'artillerie, *Adjoint au Président*.

Boelle, général de brigade, commandant la 13ᵉ brigade d'infanterie, *Vice-Président* (promu général de division, a été remplacé dans ses fonctions de vice-président par M. le général Bridoux).

Dessiaux, commandant d'infanterie breveté, détaché à l'état-major particulier du Ministre de la guerre, *Rapporteur*.

Becker, capitaine d'infanterie, breveté, attaché au 2ᵉ bureau de l'état-major de l'armée, *Secrétaire*.

Petin, capitaine d'infanterie, détaché à l'état-major particulier du Ministre de la guerre, *Secrétaire*.

MEMBRES.

MM. Bridoux, général de brigade, directeur de la cavalerie au ministère de la guerre.

Ditte, colonel d'infanterie coloniale, breveté, chef d'état-major du corps d'armée colonial.

Cornille, colonel, directeur du génie, à Montpellier.

Rabier, colonel d'infanterie, commandant par intérim la 31ᵉ brigade d'infanterie.

Regnault, colonel d'artillerie, breveté, sous-chef d'état-major de l'armée.

Curmer, colonel du génie, commandant le 5ᵉ régiment du génie.

MM. Jacoulet, vétérinaire principal de 1ʳᵉ classe.

Largeau, lieutenant-colonel d'infanterie coloniale, breveté, stagiaire au 12ᵉ régiment d'artillerie, à Vincennes.

Dubois, lieutenant-colonel d'infanterie, attaché à la direction de l'infanterie au ministère de la guerre.

Foliot, sous-intendant militaire, attaché à la direction de l'intendance au ministère de la guerre.

Beigneux, médecin-major de 1ʳᵉ classe, médecin chef de l'hôpital militaire de Dunkerque.

l'initiative des chefs en sous-ordre et au *goût des responsabilités* qui en est la condition première.

Mais l'initiative et la responsabilité ne peuvent s'exercer avec fruit que dans les limites d'une stricte *discipline ;* aussi le projet actuel, tout en s'inspirant de l'évolution des idées en matière de sanctions, s'est-il gardé d'affaiblir en aucune façon les règles primordiales de la discipline qui demeure, plus que jamais, « la force principale des armées ».

En se maintenant dans le domaine des principes généraux, il devenait possible d'adopter pour le nouveau règlement un texte unique applicable aux différentes armes.

C'est le texte de ce règlement que j'ai l'honneur de soumettre à votre haute approbation. Il se divise en quatre parties que précède un préambule.

La première partie expose les « principes de commandement et d'organisation ». Nos règlements de manœuvre, en consacrant des chapitres distincts à l'instruction de l'unité, du groupe et du régiment, ont voulu affirmer la personnalité de ces trois éléments de combat qui constituent, à des degrés divers, l'ossature même de l'organisme militaire. Ils ont ainsi donné un relief tout spécial au capitaine, au commandant, au colonel qui en sont, à la guerre, les chefs responsables.

Dans une harmonie logique, le service intérieur a tenu à se conformer à cette doctrine et, en trois titres distincts, il met en lumière les droits, les responsabilités et les devoirs qui incombent, en temps de paix, à chacun de ces chefs.

Parmi ces devoirs, il en est un qu'il convient de ne pas perdre de vue : c'est l'obligation pour tout chef d'éclairer le commandement par les notes qu'il donne à ses subordonnés, non seulement sur leur manière de servir, mais encore sur leurs capacités professionnelles. C'est là une obligation délicate, quelquefois pénible ; le chef responsable ne peut s'y dérober. Le règlement a tenu à la spécifier, et je me permets d'attirer votre attention sur la haute portée de cette prescription.

La deuxième partie est intitulée : « Règles d'exécution ».

Les règles générales de conduite, de tenue, les formes du salut ont été traitées en détail et même avec une précision plus grande que dans les précédents règlements. La commission a tenu à affirmer ainsi tout le prix qu'il convient d'attribuer à ces manifestations extérieures de la discipline, qui témoignent, par leur bonne exécution, de la santé morale d'une armée.

J'ai pensé que le corps d'officiers, conscient de ses devoirs professionnels et de sa dignité, pouvait, sans inconvénient, jouir d'une liberté plus grande que par le passé. Dans cet ordre d'idées, j'ai supprimé l'obligation de la table commune et j'ai accordé à chaque officier, dans les conditions les plus libérales, le « droit d'écrire » sous sa signature et sous sa responsabilité.

J'ai examiné s'il était possible de procéder, par voie de simple revision du service intérieur, à l'unification des appellations entre les officiers et les fonctionnaires et assimilés des diverses catégories. Cette procédure m'a semblé, en droit, inadmissible.

En effet, les appellations ne sont que la consécration, par le langage courant, des situations militaires conférées aux officiers, fonctionnaires et assimilés par les lois en vigueur; il ne serait donc possible de les modifier qu'en revisant ces lois. Une pareille revision, qui pourrait modifier les droits respectifs des intéressés en matière de commandement, d'avancement ou de limite d'âge, doit, si elle est accomplie, être l'œuvre du Parlement, et la commission du service intérieur n'avait pas qualité pour en délibérer. J'ai donc maintenu le *statu quo* sur ce point.

Le titre VII, intitulé : « Les sanctions », contient des modifications capitales à la réglementation actuelle, tant en ce qui concerne le « droit de punir » que le mode d'exécution des punitions.

D'une part, conformément aux principes exposés par le service de place, j'ai estimé « que la répression d'une faute doit être non seulement fonction de la faute, mais encore des antécédents de celui qui la commet, et que, dès lors, il importe que le chef qui prononce la punition connaisse le militaire coupable ». Désormais le droit de prononcer une punition sera donc dévolu aux seuls chefs directs du délinquant, à l'exclusion de tous autres.

D'autre part, j'ai jugé qu'il était logique de ne confier le droit de punir, dans chacun des trois éléments de combat (régiment, groupe, unité) qu'aux seuls chefs responsables, en paix comme en guerre, de leur instruction, de leur éducation et de leur discipline. Seuls, le colonel, le commandant, le capitaine, seront donc investis du droit de punir, et les officiers généraux eux-mêmes ne le conserveront qu'à l'égard des seules troupes dont ils ont le commandement.

On ne saurait voir dans cette mesure une atteinte à l'autorité ou au prestige des autres officiers ou des gradés qui ne posséderont plus ce droit. L'obligation qui leur est imposée de signaler au chef responsable toute infraction, le droit qui leur est maintenu de faire appliquer sur-le-champ la sanction qui paraîtrait indispensable, enfin le fait que tout militaire doit se considérer comme puni dès qu'il est averti qu'une sanction est demandée contre lui, constituent des garanties suffisantes pour l'autorité des auxiliaires du commandement.

D'ailleurs, il ne saurait exister de corrélation entre le rang d'un chef et le tarif des punitions qu'il peut infliger ; le droit de punir ne doit pas être envisagé comme un privilège du grade, mais comme une conséquence de la fonction.

La nature, la dénomination et le mode d'exécution des punitions ont été mis en harmonie avec l'évolution générale des idées sur le caractère des sanctions et l'influence morale qu'elles peuvent exercer.

Pour les officiers, il a semblé nécessaire de réserver les arrêts aux fautes d'une exceptionnelle gravité. Aux manquements moindres, il est incontestable que « l'avertissement » doit suffire à prévenir chez eux le retour d'un oubli ou d'une défaillance.

La commission a pensé qu'en adoptant pour l'échelle des punitions des sous-officiers une terminologie analogue à celle employée pour les officiers, elle contribuerait à développer chez eux, davantage encore, le sentiment du devoir et le souci de la dignité personnelle.

La troisième partie, très courte, est consacrée aux devoirs des *officiers généraux*. Dans le service intérieur des corps, ces devoirs se limitent à une action de contrôle. Les généraux, laissant aux chefs toute initiative dans le commandement de leur troupe, se borneront à veiller à ce que l'esprit du nouveau règlement soit observé.

Quant à la quatrième partie elle résume, dans les « Dispositions spéciales aux diverses armes », les prescriptions qui, par leur caractère trop spécial, n'ont pas pu trouver place dans les autres parties du règlement.

Telles sont, Monsieur le Président, les caractéristiques principales du décret élaboré.

Conçu dans un esprit de grand libéralisme, il complète heureusement l'édifice de nos règlements militaires.

La préparation à la guerre ;
Le maintien de la discipline ;
L'obligation de l'initiative ;
Le goût des responsabilités,

lui ont servi de règles et de guides.

Si vous en approuvez l'esprit et les dispositions, j'ai l'honneur de vous prier, Monsieur le Président, de vouloir bien revêtir le décret ci-après de votre signature.

Veuillez agréer, Monsieur le Président, l'hommage de mon profond respect.

Le Ministre de la guerre,
BRUN.

DÉCRET

———

Paris, le 25 mai 1910.

Le Président de la République française,

Vu les décrets du 20 octobre 1892 sur le service intérieur des troupes de l'infanterie, de la cavalerie, de l'artillerie et du train des équipages militaires ;

Considérant que, depuis l'époque où ces décrets ont été rendus, la loi sur le recrutement de l'armée du 21 mars 1905 et l'expérience des dernières guerres ont apporté des modifications profondes dans les méthodes d'instruction, d'administration et d'utilisation des troupes ;

Qu'en raison de cette évolution, les règlements de manœuvre des diverses armes ont été refondus et basés sur ce principe commun que *la préparation à la guerre doit être le but de tous les efforts, l'objet de toutes les préoccupations* ;

Qu'il importe de donner au règlement sur le service intérieur le même caractère de généralité, de le mettre en harmonie avec les règlements de manœuvre et de faire de son application courante un moyen pratique et efficace de préparation à la guerre ;

Sur le rapport du Ministre de la guerre,

Décrète :

Le règlement sur le service intérieur est unique et s'applique indistinctement à toutes les armes.

Il impose la discipline, pousse aux initiatives, exige l'acceptation des responsabilités.

La *discipline* doit tendre toutes les volontés vers le but commun et les faire obéir aux moindres impulsions du commandement. En coordonnant les efforts, elle assure aux armées leur principale force et leur meilleure garantie du succès.

L'*initiative* doit être développée à tous les degrés de la hiérarchie. En campagne, elle inspire aux chefs les actes décisifs ; elle tient les subordonnés toujours en éveil pour réaliser les intentions du commandement et fait concourir toutes leurs facultés à la recherche et à l'emploi des moyens les plus efficaces pour atteindre le but qu'ils sont chargés de poursuivre.

La *responsabilité* est la conséquence nécessaire de l'initiative. Le commandement a le devoir de la revendiquer pour ses décisions et ses actes ; il doit donner ses ordres de façon qu'après leur exécution les responsabilités soient toujours nettement établies, et exiger l'application de cette même règle à tous les degrés de la hiérarchie.

La discipline se manifeste par la subordination de grade à grade, le respect envers les chefs, l'obéissance confiante et instantanée à leurs ordres, la volonté sincère et opiniâtre d'atteindre le but qu'ils ont fixé.

Elle a sa plus haute expression dans cette formule : *exécuter ponctuellement tout ce qui est commandé pour le bien et la défense du pays, l'observation des règlements et l'application des lois.*

Elle doit être exigée de tous, sans distinction de grade ou de durée du service accompli. Le chef, quelles que soient les circonstances, doit puiser dans le sentiment de son autorité et des responsabilités qui en découlent la force de caractère nécessaire pour obtenir de ses subordonnés l'entier accomplissement de leurs devoirs.

La discipline est d'autant plus facilement obtenue que les chefs ont pris plus d'ascendant sur leur troupe, en raison de l'exemple qu'ils lui donnent, de la confiance qu'ils lui inspirent par leur caractère, leurs connaissances professionnelles et leur loyalisme envers les institutions du pays.

Les chefs doivent faire appel à l'intelligence de leurs subordonnés et mettre en pratique ce principe que leurs ordres seront mieux exécutés s'ils en font comprendre le but et la portée.

L'éducation militaire renforce l'action de la discipline et en accroît les effets ; elle élève le niveau moral de celui qui la reçoit, éveille ou développe en lui les idées de dévouement et de sacrifice, lui montre le but à atteindre et lui donne l'ambition d'y parvenir.

La fermeté dans le maintien de la discipline doit s'allier à la bienveillance dans l'exercice du commandement.

Le supérieur cherche à prévenir les fautes pour éviter d'avoir à les réprimer. Toute rigueur qui n'est pas nécessaire, toute punition qui n'est pas déterminée par le règlement ou que ferait prononcer un sentiment autre que celui du devoir, tout acte, tout geste, tout propos offensant d'un supérieur envers un subordonné sont sévèrement interdits. Les membres de la hiérarchie militaire, à quelque degré qu'ils soient placés, doivent traiter les inférieurs avec bonté, les aider de leurs conseils, leur porter tout l'intérêt et avoir pour eux tous les égards dus à des hommes auxquels ils sont solidairement liés dans l'accomplissement d'une mission commune et des devoirs envers le pays.

Trois échelons principaux du commandement sont institués dans les corps de troupe. Les chefs de ces trois échelons sont entièrement responsables de tout ce qui touche à la discipline, à l'éducation et à l'instruction militaires, à l'administration et au service de la troupe sous leurs ordres. Il leur est laissé la plus large initiative pour obtenir les résultats qui leur sont demandés. Les auxiliaires dont ils disposent sont employés par eux, suivant les principes tracés par les règlements, aux différentes parties de l'instruction et du service.

Indépendamment de l'autorité réservée ainsi aux chefs responsables sur leurs subordonnés directs, des circonstances de force majeure peuvent imposer à tout supérieur le devoir de donner, sous sa responsabilité, des ordres à tout inférieur et d'en assurer l'exécution.

Le règlement sur le service intérieur, étant surtout un guide, s'abstient des prescriptions de détail. Pour les cas qu'il n'a pas prévus, la solution doit être dictée par les obligations qu'il précise :

Imposer la discipline ;

Mettre en œuvre les initiatives et rendre effectives les responsabilités.

Ces devoirs généraux renferment et dominent tous les autres; leur enseignement forme la base de l'éducation militaire.

RÈGLES DE LA SUBORDINATION.

Le soldat doit obéir au caporal.

Le caporal au caporal fourrier, au sergent fourrier et au sergent.

Le caporal fourrier, le sergent fourrier et le sergent au sergent-major.

Le sergent-major à l'aspirant.

L'aspirant à l'adjudant.

L'adjudant à l'adjudant-chef.

L'adjudant-chef au sous-lieutenant.

Le sous-lieutenant au lieutenant.

Le lieutenant au capitaine.

Le capitaine au chef de bataillon.

Le chef de bataillon au lieutenant-colonel.

Le lieutenant-colonel au colonel.

Le colonel au général de brigade.

Le général de brigade au général de division.

Le général de division au général de division commandant le corps d'armée dont il dépend.

Le général de division commandant un corps d'armée au général de division chargé d'inspecter ce corps d'armée et au maréchal de France.

Le Ministre de la guerre est le chef de l'armée. Il est secondé par le Sous-Secrétaire d'État à la guerre, qui exerce son autorité dans les conditions prévues par le décret qui fixe ses attributions.

Indépendamment de cette subordination, la discipline exige, à grade égal, la subordination à l'ancienneté en tout ce qui concerne le service général et l'ordre public. Ainsi, plusieurs militaires du même grade, de service ensemble, qu'ils soient ou non du même corps ou de la même arme, doivent obéissance au plus ancien d'entre eux, comme s'il était leur supérieur en grade. À égalité d'ancienneté de grade, le droit au commandement est déterminé par l'ancienneté dans le grade immédiatement inférieur ; à égalité dans le grade immédiatement inférieur, par l'ancienneté dans le grade précédent, et ainsi de suite jusqu'au grade de caporal.

Entre soldats, le commandement est exercé, suivant les armes et leur organisation particulière, soit par un soldat pourvu d'un emploi spécial, soit par le plus ancien soldat de 1re classe, et, à défaut de soldat de 1re classe, par le plus ancien soldat de 2e classe.

A grade égal, les officiers de l'armée active ont le commandement sur les officiers de la réserve et sur ceux de l'armée territoriale.

Toutefois, l'officier retraité ou démissionnaire, classé avec son grade dans la réserve ou dans l'armée territoriale, a le commandement sur les officiers du même grade de l'armée active promus à une date postérieure à celle de sa nomination à ce grade. Il a également le commandement sur les officiers du même grade de la réserve et de l'armée territoriale, même plus anciens, qui n'ont pas servi avec ce grade dans l'armée active.

Les gradés non officiers passés du service actif dans la réserve et dans l'armée territoriale possèdent le droit au commandement sur tous les militaires de leur grade qui n'ont pas servi avec ce grade dans l'armée active et sur tous ceux de l'armée active qui ont été nommés à ce grade postérieurement à eux.

La subordination existe encore, à grade égal, à l'égard des officiers pourvus d'une lettre de commandement spécial et des sous-officiers pourvus d'un emploi leur conférant autorité.

Les officiers de réserve ou de l'armée territoriale, qui n'ont pas servi en qualité d'officier dans l'armée active, ne peuvent dans aucun cas exercer les fonctions, soit de chef de corps, soit de commandant de dépôt ; ils peuvent exceptionnellement exercer les fonctions de chef de service lorsque les circonstances l'exigent.

En dehors des restrictions qui précèdent, les militaires des réserves ont, dans toutes les circonstances où ils portent l'uniforme, les mêmes droits et les mêmes devoirs que les militaires sous les drapeaux.

Tout militaire exerçant provisoirement les fonctions d'un grade supérieur au sien se trouve investi, à l'égard de la troupe près de laquelle il les remplit, de tous les droits et de toutes les responsabilités du titulaire, sauf les restrictions indiquées par le présent règlement.

Tout remplaçant éventuel doit être mis par son supérieur immédiat en mesure de prendre les fonctions qui peuvent inopinément lui incomber.

En cas d'absence ou d'indisponibilité, sauf les exceptions prévues par le présent règlement, tout supérieur est remplacé dans son commandement par celui de ses subordonnés qui marche immédiatement après lui, soit par son grade, soit par son ancienneté.

PREMIÈRE PARTIE.

PRINCIPES DE COMMANDEMENT ET D'ORGANISATION

Echelons principaux du commandement.

Art. 1. *Le régiment, le groupe, l'unité constituent les trois échelons principaux du commandement.*

Suivant les armes :

Le groupe correspond au bataillon, au demi-régiment de cavalerie, au groupe de batteries ;

L'unité correspond à la compagnie, à l'escadron, à la batterie.

Le colonel ou chef de corps, le commandant ou chef de groupe, le capitaine ou chef d'unité sont placés respectivement à la tête de ces trois échelons. Leur mission consiste à assurer, dans la troupe qu'ils commandent, la préparation à la guerre et le fonctionnement du service ; ils ont à cet effet la plénitude d'autorité vis-à-vis de leurs subordonnés et la plénitude de responsabilité vis-à-vis de leurs chefs directs.

Ils font remplir par leurs subordonnés les attributions définies par les lois, décrets et instructions ministérielles, et prennent les mesures nécessaires pour concilier cette règle avec leur propre responsabilité.

Le colonel, le commandant et le capitaine donnent, en ce qui concerne le régiment, le groupe, l'unité, et en tenant compte des circonstances, les consignes générales nécessaires pour assurer la bonne exécution du service dans l'échelon qu'ils commandent, sans que ces consignes entravent, contrairement à l'esprit du règlement, l'initiative des chefs placés sous leurs ordres. Ils font observer cette même prescription par leurs subordonnés directs.

TITRE Ier.

Le Colonel.

CHAPITRE Ier.

Devoirs généraux.

Autorité et responsabilités du colonel.

Art. 2. Les devoirs généraux du colonel se définissent ainsi :

1° Instruire ses subordonnés en vue de la guerre, leur imposer la discipline, entretenir en eux l'esprit militaire et les sentiments de dévouement à la patrie ;

2° Assurer la bonne conservation du matériel, des armes et des munitions et plus particulièrement de tout ce qui est mis en vue de la guerre à la disposition du régiment ;

3° Etudier et préparer, de façon à en assurer l'exécution rapide et méthodique, toutes les opérations à accomplir à la mobilisation ;

4° Dans toutes les parties de l'instruction et du service, donner les directives, surveiller l'exécution, constater et juger les résultats.

Commandement, rapports avec le personnel.

Art. 3. Le colonel exerce un commandement ferme, égal et bienveillant. Aucune influence étrangère au service ne doit peser sur ses décisions ; il impose cette même règle à ses subordonnés.

Il observe et fait observer aux chefs des divers échelons du commandement ce principe : *le chef indique le but, les subordonnés conservent le choix des moyens.* Il habitue ses inférieurs à l'initiative et leur fait comprendre que celle-ci, tout en s'exerçant largement, doit être réfléchie et se maintenir dans le cadre des missions à remplir. Il leur rappelle que la responsabilité est la conséquence nécessaire de l'initiative, que tout chef doit savoir l'assumer et que vouloir l'éviter en s'abstenant de décision personnelle et en cherchant à tout résoudre par l'application d'un texte, équivaut à renoncer au commandement lui-même.

Le colonel est non seulement le chef, mais le conseiller de ses subordonnés ; en même temps qu'il leur impose la discipline, il s'attache à gagner leur confiance et leur affection. N'oubliant jamais que son autorité est le recours et l'appui de tous, il accueille toutes les demandes qui lui sont adressées par la voie hiérarchique, les examine avec bienveillance et, lorsque leur suite le comporte, les transmet à l'autorité supérieure.t

Il use de son influence pour maintenir à tous les degrés l'esprit de corps, les liens de camaraderie et pour obtenir, dans l'intérêt commun, le concours de toutes les aptitudes et de toutes les bonnes volontés.

Discipline.

Art. 4. Le colonel est responsable de la discipline de son régiment. Il doit amener ses subordonnés à en comprendre la nécessité et s'assurer que son action dans ce sens est secondée par les chefs qui lui sont subordonnés.

Il veille en particulier à l'exécution stricte des prescriptions relatives à la tenue, aux marques extérieures de respect et à l'application des diverses sanctions.

Il intervient par ses conseils ou ses remontrances lorsque les chefs sous ses ordres manquent de fermeté ou qu'ils n'emploient pas avec mesure les moyens de répression.

Lorsque le maintien de la discipline nécessite des sanctions disciplinaires, il n'hésite pas à les appliquer.

Il veille à ce que les diverses récompenses soient accordées d'une façon judicieuse et impartiale.

Le colonel assure la police générale de la caserne et donne à ce sujet les instructions et consignes qu'il juge nécessaires en se conformant aux instructions ministérielles et en tenant compte des circonstances locales.

Education militaire.

Art. 5. Le colonel impose à ses officiers une action constante sur le moral de leur troupe ; il les conseille sur les moyens à employer et leur en facilite l'application. Il met lui-même à profit les circonstances favorables pour exalter chez ses subordonnés les idées de fidélité, de dévouement et de sacrifice pour le pays.

Il s'applique, dans un but d'éducation militaire, à intéresser le soldat au service et à lui créer de saines et utiles distractions.

Il interdit à la caserne toute propagande et toute introduction d'écrits, journaux ou publications pouvant nuire à la discipline ou pousser les militaires à l'abandon de leurs devoirs.

Instruction.

Art. 6. Le colonel fixe les directives de l'instruction en conformité des principes et méthodes indiqués par les règlements.

Il organise et surveille, conformément aux prescriptions en vigueur, les cours ou instructions dont les commandants de groupe ou d'unité n'ont pas à assurer le fonctionnement.

Il se tient au courant des notes obtenues par ses subordonnés aux cours réglementaires suivis à l'extérieur du régiment.

Il encourage le goût de l'étude et des recherches chez les officiers et tient compte de leurs travaux personnels dans l'établissement de ses notes. Dans les limites compatibles avec les exigences du service, il facilite aux gradés et aux soldats la fréquentation des cours extérieurs dont ils peuvent tirer profit.

Il favorise, en dehors du service, la pratique des sports susceptibles de développer l'agilité et la souplesse.

Il montre aux officiers, en leur donnant l'exemple, la nécessité de conserver, par la pratique des exercices physiques, la vigueur et l'activité nécessaires en campagne.

Direction des services du régiment. — Décisions et ordres.

Art. 7. Le colonel dirige les services du régiment et contrôle la régularité de leur fonctionnement.

Il fait surveiller par les commandants de groupe l'exécution du service intérieur des unités et reçoit leurs comptes rendus à ce sujet.

Il règle le service spécial de la musique conformément aux prescriptions de l'article 64. Dans les régiments où la musique ne se trouve qu'en subsistance (artillerie et génie), il reçoit à cet effet les ordres du général de brigade.

Le colonel donne, sous forme de décisions, les prescriptions relatives à l'exécution du service quotidien.

Il fait enregistrer à leur date, dans un *registre d'ordres*, les ordres dont il doit être conservé trace (ordres du colonel, du commandant d'armes, des officiers généraux et du Ministre). Il fait faire au registre d'ordres les insertions prévues par les articles 163 et 177.

Sous réserve d'autoriser largement les modifications justifiées par les besoins de l'instruction, il fixe les heures des services journaliers, tels que : le réveil, les appels, l'extinction des feux, les visites médicales et vétérinaires, les repas et distributions, la remise des lettres, le payement des mandats.

Il arrête, d'après les mêmes principes, une répartition ou un roulement pour l'utilisation des terrains de manœuvre, des stands, manèges, gymnases ou autres locaux communs, ainsi que pour l'emploi du matériel servant à plusieurs groupes ou unités.

Administration.

Art. 8. Le colonel préside à l'administration du régiment, conformément aux prescriptions des règlements en vigueur.

Il veille à ce que les dépenses soient maintenues dans la limite des allocations attribuées au corps.

Le colonel fait entretenir en bon état et au complet le matériel et les approvisionnements de toute nature dont le corps est détenteur.

Il s'assure que les divers éléments que le régiment doit mobiliser pourront, au moment de la mobilisation, faire au complet et dans les délais fixés toutes les perceptions qui sont prévues. Il s'assure également que les officiers et adjudants possèdent au complet et en bon état les effets dont ils doivent être pourvus pour partir en campagne.

Le colonel se tient au courant de la situation du matériel de toute nature que les états-majors, groupes, unités ou services du régiment ne détiennent pas en temps de paix et dont ils doivent prendre livraison à la mobilisation. Il provoque, au besoin, les ordres nécessaires pour les visites et la mise en état de ce matériel.

Il vérifie la tenue à jour des documents de mobilisation dont ses subordonnés sont détenteurs ; il surveille, en particulier, la tenue à jour par le major des documents ayant trait à la mobilisation d'ensemble du régiment.

Il surveille le service de l'habillement et du harnachement

et s'assure que les distributions d'effets se font avec méthode et continuité, en utilisant d'une manière judicieuse les ressources mises à la disposition du corps.

Il prend les mesures nécessaires pour qu'en cas de départ avec changement d'affectation, tout officier remette à celui qui le remplace les divers documents de mobilisation et le matériel dont il est détenteur.

Alimentation.

Art. 9. Le colonel apporte tous ses soins à procurer à la troupe une alimentation saine, variée et abondante. Il veille à ce que toutes les ressources soient réglementairement et judicieusement employées.

Il observe et fait observer les prescriptions du règlement sur les ordinaires ou celles résultant d'instructions ministérielles spéciales, en ce qui concerne la propreté des cuisines, les procédés culinaires, l'établissement des menus, la vérification des eaux de boisson et des denrées. Il prend les mesures nécessaires pour éviter les fraudes et pour poursuivre, conformément à la loi, la répression de celles qui viennent à se produire ; il veille à ce que les prescriptions de l'article 138 à ce sujet soient rigoureusement observées.

Il se tient au courant de la situation des bonis et en surveille l'emploi.

Mutualité.

Art. 10. Le colonel applique les prescriptions ministérielles relatives à la mutualité et au développement des organisations régimentaires qui s'y rapportent. Il intéresse ses subordonnés à ces œuvres et signale, dans la forme prévue, ceux d'entre eux qui contribuent efficacement à leur vulgarisation.

Mess, coopératives et cantines.

Art. 11. Le colonel utilise le mieux possible les ressources dont le corps dispose pour la création et l'amélioration des mess de sous-officiers. Il adresse à ce sujet à l'autorité supérieure toutes demandes qu'il juge opportunes, notamment en ce qui concerne l'aménagement des locaux et les moyens de subvenir aux dépenses de première installation.

Il n'autorise la création des coopératives qu'après avoir examiné et approuvé leurs statuts ; il surveille de près leur gestion, principalement en ce qui concerne la garde des fonds et la régularité des payements aux fournisseurs.

A défaut de mess, il fait assurer par les cantines l'alimentation des sous-officiers, ainsi que celle des gradés et soldats spécialement autorisés à cet effet. Les tarifs sont soumis à son approbation et réglés d'après la solde des intéressés.

Le colonel veille à l'observation des prescriptions particulières des articles 80 et 81 relatives aux mess, coopératives et cantines.

Il confie à un officier qui devient responsable vis-à-vis de lui la surveillance des mess, coopératives et cantines qui fonctionnent pour l'ensemble du régiment ; pour les autres, la surveillance est exercée conformément aux prescriptions des articles 36 et 52.

Casernement.

Art. 12. Le colonel maintient une répartition judicieuse du casernement entre les groupes et les services du corps.

S'inspirant des règles d'hygiène et des progrès réalisés dans les installations modernes, et assurant d'autre part, dans les limites possibles, le desserrement des hommes, il a l'initiative des mesures susceptibles d'améliorer l'organisation du casernement.

Conformément aux instructions ministérielles et selon les ressources dont dispose le corps, il fait attribuer aux sous-officiers rengagés des chambres en rapport avec leur situation et pourvues du mobilier réglementaire.

État sanitaire et hygiène des hommes.

Art. 13. Le colonel ne perd jamais de vue que, du bon état sanitaire de la troupe dépendent le rendement qu'elle peut fournir et l'efficacité de sa préparation à la guerre. En tout temps, il fait appliquer strictement les règles d'hygiène et de propreté ; il porte son attention sur les moyens de prévenir les épidémies ou de les enrayer dès leur apparition, les précautions à prendre pendant les séjours dans les camps ou bivouacs, l'appropriation de l'habillement et de la tenue aux conditions de température et de climat, la préparation par un entraînement rationnel aux marches et aux fatigues de la vie en campagne.

A tous ces points de vue, il se fait fournir par le médecin

chef de service les renseignements et avis susceptibles d'éclairer et de motiver ses décisions.

Il veille à ce que les officiers et les gradés apportent la même attention aux questions sanitaires et d'hygiène, à ce qu'ils soient exercés à prendre des décisions dans les cas urgents, et notamment à faire assurer les premiers soins en attendant l'arrivée du médecin. Pour assurer cette instruction, le colonel organise des conférences dont il charge les médecins du régiment.

Hygiène des chevaux.

Art. 14. Le colonel est responsable de la bonne conservation des chevaux du régiment ; il doit connaître leur condition d'ensemble, surveiller leur hygiène, leur alimentation, et donner à ce sujet les prescriptions générales nécessaires.

Il se fait fournir par le vétérinaire chef de service tous renseignements et toutes propositions utiles en vue de maintenir le bon état sanitaire général, de prévenir ou de combattre les maladies contagieuses et d'apporter des améliorations à l'installation des écuries ou au mode d'alimentation.

Il se fait présenter les jeunes chevaux à leur arrivée au régiment et en prononce l'affectation. Dans le mois qui suit, il en passe une inspection et leur donne des notes qu'il transmet à l'autorité supérieure conformément aux instructions ministérielles. Il en fait assurer le dressage suivant les prescriptions des règlements.

Le colonel veille à ce que les commandants de groupe apportent les mêmes soins à la conservation des chevaux de leurs unités.

Contrôle et critiques.

Art. 15. Le colonel exerce son contrôle :

1° Par l'examen des situations-rapports et par les comptes rendus que lui fournissent les commandants de groupe et les chefs de service ;

2° Par ses inspections qui portent sur toutes les parties du service. Il règle ces inspections de façon qu'elles n'entravent ni ne retardent en rien la marche de l'instruction.

Il observe et fait observer par ses subordonnés ce principe que les critiques doivent être impartiales, exactes, faites en termes modérés et que les mérites et les défauts doivent être également signalés.

Art. 16. Le colonel met à profit toutes les circonstances pour porter un jugement complet sur ses subordonnés et apprécier les services qu'ils seraient à même de rendre en campagne.

Il tient les dossiers du personnel des officiers.

Le dossier de chaque officier doit permettre de suivre celui-ci semestre par semestre ; à côté des appréciations générales sur sa valeur professionnelle, son intelligence, son instruction, les notes doivent mentionner les appréciations particulières auxquelles ses services donnent lieu pendant les périodes semestrielles successives.

Le colonel ne perd jamais de vue son devoir strict de traduire exactement dans ses notes, avec mesure, mais avec fermeté, sans restriction ni condescendance, son opinion entière sur la manière de servir et la valeur de ses officiers.

Le sentiment élevé de sa responsabilité doit l'amener à faire ressortir nettement tout ce qu'il est utile de signaler au point de vue militaire et tout ce qui peut permettre de différencier d'une manière impartiale et équitable les titres des officiers notés.

Le colonel s'assure que les commandants et les capitaines notent en toute connaissance de cause et d'après les mêmes principes les officiers, les sous-officiers, caporaux et soldats sous leurs ordres susceptibles de devenir officiers.

Pour la tenue des dossiers du personnel et pour la communication périodique des notes aux intéressés, le colonel observe et fait observer par ses subordonnés les lois, règlements et instructions ministérielles.

Lorsqu'une communication de dossier ou de notes doit être faite préalablement à une sanction disciplinaire, il se conforme aux prescriptions de l'article 211.

Nominations et mutations des gradés et de la troupe.

Art. 17. Le colonel prononce le passage des soldats de la 2ᵉ à la 1ʳᵉ classe. Les soldats de 1ʳᵉ classe sont choisis parmi ceux de 2ᵉ classe ayant au moins quatre mois de service, qui, par leur instruction, leurs aptitudes, leur conduite et leur tenue, paraissent susceptibles de servir de moniteurs et de prendre, en l'absence des gradés, le commandement de leurs camarades. Des nominations avant quatre mois de service peuvent être faites à titre exceptionnel pour récompenser un acte de courage ou de dévouement.

Le colonel nomme, conformément aux lois, décrets et règlements, à tous les grades et emplois de la troupe, y compris celui d'adjudant.

Les adjudants-chefs sont nommés, suivant les armes ou services, par le général commandant le corps d'armée ou par le Ministre. Ils sont destinés, en principe, à renforcer l'encadrement des unités dont le personnel « officiers » serait réduit ou présenterait des incomplets momentanés.

Il est fait à la règle ci-dessus des exceptions d'ordre général ou particulier pour les corps dans lesquels les nominations à ces grades ou emplois sont en totalité ou en partie réservés au Ministre.

Dans les unités qui sont sous ses ordres, le colonel fait, sauf instructions contraires du Ministre, toutes les mutations du personnel de la troupe qu'il juge utiles au bien du service.

Le chef de corps répartit entre les différentes unités du corps, au mieux des intérêts du service, les adjudants-chefs qui ne sont pas organiquement chargés d'emplois spéciaux.

Lorsque des unités sont détachées pour un service spécial et qu'une mutation de personnel de troupe entre ces unités et le reste du régiment lui paraît nécessaire, le colonel s'adresse au général de brigade ; suivant le cas, celui-ci statue ou soumet la demande à l'autorité supérieure.

Lorsque le colonel s'absente, le lieutenant-colonel prend ses ordres pour le passage des soldats à la 1re classe, les mutations de la troupe entre les unités et les nominations aux divers grades et emplois.

Comptes rendus.

Art. 18 (1). Le colonel reçoit chaque jour les situations-rapports (modèle n° 1) des commandants d'unité. Ces situations lui sont transmises par les commandants de groupe qui y mention-

(1) Article modifié par le décret du 8 septembre 1912 (B. O., p. 1462).

nent leurs avis sur les demandes présentées et leurs observations diverses.

Le colonel fait parvenir, chaque jour, au général de brigade, un rapport sommaire (modèle n° 2). Il lui rend compte immédiatement de tout fait ou incident qu'il est utile de porter sans délai à sa connaissance.

Il avise le Ministre, par télégramme, de tout décès d'officier et de tout événement grave survenu au régiment.

Demandes relatives aux officiers.

Art. 19. Lorsque des changements de fonctions, nominations à des emplois spéciaux et mutations quelconques intéressant les officiers lui paraissent nécessaires au bien du service, le colonel en adresse la demande à l'autorité supérieure en se conformant aux instructions ministérielles.

Cas d'absence du colonel.

Art. 20. En cas d'absence, le colonel est suppléé par le lieutenant-colonel ou, à défaut de celui-ci, par l'officier supérieur le plus ancien présent au régiment. Il se fait adresser par ce suppléant tous rapports ou comptes rendus qu'il juge nécessaires.

CHAPITRE II.

Auxiliaires du colonel.

Rôle des auxiliaires du colonel.

Art. 21. Le colonel ne perd pas de vue que l'un de ses moyens d'action les plus efficaces consiste à obtenir de son personnel tout le concours que celui-ci peut lui fournir. Il doit plus particulièrement s'attacher à tirer le maximum de rendement de ses auxiliaires immédiats : le lieutenant-colonel, le major, le médecin et le vétérinaire chefs de service. Il se conforme à cet égard aux prescriptions générales des règlements d'instruction, des règlements administratifs et des règlements sur le service de santé et le service vétérinaire.

Tout en conservant sa responsabilité et son pouvoir de décision, il a le devoir de tenir compte des avis des officiers et chefs de service ci-dessus énumérés et de marquer à ceux-ci son désir d'utiliser leur expérience et leur savoir.

1° COMMANDEMENT ET INSTRUCTION.

Le lieutenant-colonel.

Art. 22. Le lieutenant-colonel est à la disposition du colonel et le seconde dans toutes les parties du service. Il veille à l'exécution des ordres, rend compte, le cas échéant, de leur non-exécution; mais évite d'intervenir en son nom personnel. Il surveille toutes les parties de l'instruction et propose les mesures nécessaires pour l'utilisation rationnelle des moyens mis à la disposition du corps, champs de manœuvre, de tir, gymnases, manèges, etc. Appelé à suppléer le colonel quand il s'absente, il se tient au courant de toutes les questions de mobilisation et du fonctionnement de tous les services du régiment.

Il fait tenir à jour :

1° Le registre d'ordres du régiment;
2° Les contrôles relatifs aux tours de service;
3° Les documents relatifs aux conférences régimentaires;
4° Le journal des marches et opérations.

Le colonel peut le charger d'établir les copies des feuillets du personnel et les extraits des notes qui y sont contenues.

Officiers et sous-officiers à la disposition du colonel.

Art. 23. Le colonel emploie, au mieux des intérêts du service, les officiers ou sous-officiers qui ne sont pas affectés au service permanent d'une unité ou d'un groupe ou qui ne sont pas investis de fonctions administratives prévues par le règlement.

2° ADMINISTRATION.

Major. — Attributions. — Responsabilités.

Art. 24. Le major est l'auxiliaire immédiat du colonel pour la direction et la surveillance de tout ce qui concerne l'administration et les services de comptabilité du régiment. Ses attributions et responsabilités sont définies par les divers règlements relatifs à l'administration des corps de troupe.

Il veille à ce que les comptes soient régulièrement établis

et constate les existants en deniers et en matières. Il étudie tous les actes d'administration dans leurs conséquences et soumet les résultats de son examen au colonel qui statue.

Il exerce une surveillance permanente en ce qui concerne l'administration et la comptabilité sur les officiers comptables, les médecins et vétérinaires chefs de service, les officiers chargés d'écoles ou d'exercices comportant affectation de matériel, l'officier ou adjudant de casernement, l'officier d'approvisionnement, le vaguemestre. Il développe les connaissances administratives de ce personnel. Il exerce la même surveillance à l'égard des commandants d'unités administratives, mais en tenant les commandants de groupe au courant de ses constatations et en faisant passer par leur intermédiaire ses observations à ce sujet.

Le major est chargé des appels du contingent annuel, de ceux des officiers et des hommes des réserves, de tout ce qui concerne le recrutement et, d'une manière générale, de toutes les questions ayant trait aux effectifs. Il assure l'exécution des prescriptions administratives relatives à la mobilisation des formations que le corps doit constituer et tient à jour, suivant les ordres du colonel, les documents relatifs à la mobilisation d'ensemble du régiment.

Il a la surveillance des actes de l'état civil.

Il a, vis-à-vis du colonel, la responsabilité de surveillance de tout le matériel en compte au régiment et particulièrement de celui qui est constitué en vue de la mobilisation. Il se tient au courant de l'état d'entretien du matériel et des approvisionnements de mobilisation que le régiment n'a pas en compte, mais dont il doit prendre éventuellement possession.

Un ou plusieurs officiers lui sont adjoints pour le service de la mobilisation.

Il est responsable, vis-à-vis du colonel, de la préparation et de l'expédition de la correspondance administrative du corps, ainsi que de la constitution et de la conservation des archives.

Il a les attributions d'un commandant de groupe vis-à-vis des officiers comptables, du petit état-major, de l'unité hors rang et des compagnies de dépôt lorsqu'elles sont constituées.

Le major, ainsi que les officiers et sous-officiers relevant de son service participent, dans les conditions prescrites par le colonel, aux exercices et manœuvres du régiment.

Cas d'absence du major.

Art. 25. Lorsque le major s'absente, le colonel désigne un officier pour le remplacer provisoirement ; il détermine les conditions dans lesquelles cet officier remplira ses attributions.

3° SERVICE MÉDICAL.

Médecin chef de service.

Art. 26. Le médecin chef de service assure le service sanitaire du régiment, conformément aux prescriptions du règlement sur le service de santé à l'intérieur et à celles du chapitre XVI ci-après ; il est secondé par les médecins sous ses ordres et répartit entre eux les détails du service.

Pour tout ce qui touche à la partie technique de son service, il relève, dans les conditions indiquées par les règlements, du directeur du service de santé du corps d'armée et du médecin chef du service de santé de la place.

Pour la direction du service, il relève du colonel seul, et est responsable vis-à-vis de lui. Il a le devoir strict de lui fournir, sans attendre qu'il les lui demande, les renseignements les plus complets sur tout ce qui intéresse la santé et l'hygiène de la troupe ; lorsqu'une épidémie sévit dans la région ou que certains indices en font craindre l'apparition, il prend l'initiative des propositions à lui faire pour en préserver le régiment.

Dans les visites qu'il fait des diverses parties du casernement, il se rend compte des conditions sanitaires et de l'application des règles d'hygiène. Les commandants de groupe, d'unité et les chefs de service doivent lui faciliter l'accomplissement de cette partie de sa mission.

Il dirige l'infirmerie régimentaire et en assure le service, conformément aux articles 105 et suivants.

Il doit ses soins gratuits à tous les militaires du régiment ainsi qu'aux membres de leur famille habitant avec eux ; la même obligation incombe à ses subordonnés.

Il participe, dans les conditions fixées par les règlements, à la réception ou vérification des denrées mises en consommation, soit au titre des ordinaires, soit dans les cantines, mess et coopératives.

Il passe fréquemment dans les cuisines ; il s'assure de la qualité des aliments et des eaux de boisson et de la mise en pratique des instructions ministérielles concernant la propreté des cuisiniers, les procédés culinaires, la composition rationnelle de l'alimentation. Pour préciser ses constatations, il fait procéder à des analyses.

Dans les troupes d'infanterie, et, à défaut de vétérinaire, dans les autres armes, il participe à la réception des viandes et des animaux de boucherie.

Il fait ou fait faire par les médecins sous ses ordres les conférences prescrites par le colonel sur la prophylaxie des maladies, l'hygiène militaire, la vérification de la qualité des viandes destinées à la troupe et des autres denrées d'alimentation.

Le médecin chef de service est responsable de tout le matériel qu'il a en compte ; il veille plus particulièrement sur celui qu'il détient au titre de la mobilisation. Il prend toutes les mesures et provoque au besoin tous les ordres nécessaires pour que ce matériel soit constamment maintenu au complet et en bon état de service et d'entretien.

Il tient les registres et écritures réglementaires et soumet à la vérification du major ceux de ces registres et écritures pour lesquels cette mesure est prescrite.

Chaque jour, le médecin chef de service adresse au colonel, à l'heure fixée, un rapport (modèle n° 3).

Il soumet au visa du colonel toute sa correspondance de service ainsi que tous les rapports, états ou propositions qui doivent parvenir au directeur du service de santé du corps d'armée ou au médecin chef du service de santé de la place. Dans les cas urgents tels que : apparition d'épidémies, demande de désinfectants, etc., il est autorisé à correspondre directement avec le directeur du service de santé ou le médecin chef du service de santé de la place, mais il doit, dans le plus bref délai, donner communication de cette correspondance au colonel.

En cas de fractionnement du régiment, le médecin chef de service reste avec l'état-major ; le médecin le plus élevé en grade après lui est affecté à la portion centrale ou à un détachement de un groupe au moins ; le troisième médecin reste avec le chef de service.

Dans le cas où la portion principale doit fournir un autre détachement comportant un médecin, le médecin le moins élevé en grade est désigné pour faire partie de ce détachement si le service médical ne peut y être assuré autrement.

4° SERVICE VÉTÉRINAIRE.

Vétérinaire chef de service.

Art. 27. Le vétérinaire chef de service est chargé d'assurer le service sanitaire des chevaux du régiment ; il est secondé par les vétérinaires placés sous ses ordres et répartit entre eux les détails du service.

Pour tout ce qui concerne l'exécution technique, il relève du vétérinaire principal directeur du ressort. Pour la direction du service, il relève du colonel seul et est responsable vis-à-vis de lui.

Il renseigne le colonel sur tout ce qui intéresse la conservation des chevaux ; lorsque des maladies contagieuses sévissent dans la région ou que certains indices en font craindre l'apparition, il prend l'initiative des propositions à lui faire pour en préserver les chevaux du régiment.

Dans les visites qu'il fait des écuries et magasins à fourrages, il vérifie les conditions hygiéniques des locaux et l'état de conservation des denrées. Les commandants de groupe et d'unité doivent lui faciliter l'accomplissement de cette partie de sa mission.

Il dirige l'infirmerie vétérinaire et l'atelier de maréchalerie et en assure le service conformément aux articles 121 et suivants du règlement.

Il doit ses soins gratuits à tous les chevaux du régiment ou à ceux qui y sont placés en subsistance. Il peut être appelé, sur la désignation du commandant d'armes, à donner des soins aux chevaux d'autres corps ou services ou de toute autre personne régulièrement attachée à un service de l'armée. La même obligation incombe à ses subordonnés.

Il participe, dans les conditions fixées par les règlements et les instructions ministérielles, à la réception des animaux et viandes de boucherie destinés à la troupe.

Il fait ou fait faire par les vétérinaires sous ses ordres les conférences prescrites par le colonel sur l'hygiène des chevaux, la vérification de la qualité des denrées fourragères et l'inspection des viandes destinées à l'alimentation de la troupe.

Le vétérinaire chef de service est responsable de tout le matériel qu'il a en compte et veille plus particulièrement sur celui qu'il détient au titre de la mobilisation. Il prend toutes les mesures et provoque au besoin tous les ordres nécessaires pour que ce matériel soit constamment maintenu au complet et en bon état de service et d'entretien.

Il tient les registres et écritures réglementaires et soumet à la vérification du major ceux de ces registres et écritures pour lesquels cette mesure est prescrite.

Chaque jour le vétérinaire chef de service adresse au colonel, à l'heure fixée, un rapport (modèle n° 4).

Il soumet au visa du colonel toute sa correspondance de service avec le vétérinaire principal directeur du ressort. Dans les cas urgents, il est autorisé à expédier cette correspondance directement, mais il doit, dans le plus bref délai, en donner communication au colonel.

En cas de fractionnement du régiment, le vétérinaire chef de service reste avec l'état-major ; le vétérinaire le plus ancien après lui est, en principe, désigné pour faire le service à la portion centrale. Lorsque le régiment est réuni et qu'il est appelé à fournir un détachement de un groupe au moins, le vétérinaire le plus ancien après le vétérinaire chef de service est, en principe, désigné pour ce détachement. S'il existe un troisième vétérinaire, il reste avec le chef de service.

CHAPITRE III.

Groupes et unités formant corps. — Groupes d'unités détachées.

Devoirs de l'officier commandant un groupe ou unité formant corps, ou un groupe d'unités détachées.

Art. 28. Le commandant d'un groupe ou d'une unité formant corps ou d'un groupe d'unités détachées provenant d'un ou plusieurs corps et non soumises à l'autorité du colonel, a les mêmes devoirs, les mêmes responsabilités, et, sauf les restrictions indiquées par les règlements, les mêmes attributions que le colonel.

Les auxiliaires dont il dispose le secondent suivant les principes énoncés au chapitre II dans la direction de l'instruction, les opérations administratives, le fonctionnement du service médical et vétérinaire, la préparation à la mobilisation.

TITRE II.

Le Commandant.

CHAPITRE IV.

Devoirs généraux.

Autorité et responsabilités du commandant.

Art. 29. La mission du commandant vis-à-vis de son groupe est définie par l'article 1.

Son autorité est de même nature que celle du colonel vis-à-vis du régiment. Elle comporte les mêmes devoirs, les mêmes responsabilités et, à un degré plus rapproché de la troupe, les mêmes procédés de direction, de surveillance et de contrôle.

Le commandant doit s'inspirer des intentions du colonel et y conformer les directives de son commandement.

Il laisse à ses commandants d'unité la plus large initiative et s'abstient de commander tout ce qu'ils ont qualité pour ordonner ; il veille à ce qu'ils donnent eux-mêmes à leurs officiers et à leurs gradés l'habitude de l'initiative et utilisent au mieux du service les aptitudes de chacun.

Rapports avec le personnel.

Art. 30. Le commandant s'applique à connaître complètement les officiers de son groupe ; il étudie leur caractère, se rend compte de leurs connaissances générales et professionnelles et de leur vigueur physique ; il les note en se conformant aux règles tracées à l'article 16.

Il doit connaître individuellement les gradés de son groupe et leur manière générale de servir.

Il observe de près sa troupe et s'attache à apprécier exactement ses qualités d'ensemble, son état d'esprit et la somme d'efforts qu'il peut réclamer d'elle.

Il appuie l'autorité des officiers et des gradés, mais veille à ce que celle-ci s'exerce avec justice et bienveillance ; il intervient lorsque cette règle est méconnue.

Il reçoit et examine avec sollicitude les demandes qui lui sont adressées par la voie hiérarchique ; il veille à ce que ces demandes ne soient jamais interceptées ; il les transmet lorsqu'il n'a pas qualité pour décider lui-même.

Discipline et éducation militaire.

Art. 31. Le commandant contrôle l'action des capitaines sur la discipline de leur unité, notamment en ce qui concerne la tenue et les marques extérieures de respect. Il s'assure que l'éducation militaire de la troupe est dirigée dans un sens pratique et offre la continuité indispensable pour développer et entretenir chez ceux qui la reçoivent le goût du service et le sentiment de leurs devoirs envers le pays.

Il se conforme aux instructions du colonel pour interdire dans son groupe la propagande ou l'introduction d'écrits dans les conditions visées par l'article 5.

Il veille à ce qu'aucun officier, gradé ou homme de troupe des unités sous ses ordres ne soit distrait du service ou de l'instruction pour des motifs ou dans des conditions contraires au règlement.

Instruction.

Art. 32. Le commandant est responsable de l'instruction de son groupe.

Il en trace le programme d'ensemble et en surveille la progression conformément aux instructions du colonel et aux prescriptions des règlements.

Il s'inspire, en ce qui concerne son groupe, des principes énoncés aux alinéas 3, 4, 5 et 6 de l'article 6.

Service général du régiment, service particulier du groupe et des unités.

Art. 33. Lorsque son groupe est de service, le commandant dirige l'exécution du service général du régiment conformément aux prescriptions du chapitre XII.

Il surveille le service particulier des unités de son groupe ; tout en laissant la plus large initiative aux chefs de ces unités, il s'assure que ceux-ci donnent, *en les appropriant aux circonstances*, les ordres et consignes nécessaires à la bonne exécution du service.

Matériel et effets de mobilisation.

Art. 34. Le commandant s'inspire des dispositions de l'article 8 pour se renseigner, en ce qui concerne son groupe, sur la situation du matériel de mobilisation et pour prendre ou provoquer des mesures en vue de la mise en état de ce matériel ; il fait tenir à jour, selon les principes énoncés à ce même article, les documents de mobilisation de son groupe.

Administration.

Art. 35. Le commandant surveille dans toutes ses parties l'administration de ses unités ; il assure par son action personnelle l'unité de direction de tous les services dans le groupe. Il rend compte au colonel des mesures prises à ce sujet et lui soumet toutes propositions qu'il juge utiles pour améliorer les divers services.

Il inspecte les magasins des unités et en vérifie les registres.

Il provoque, le cas échéant, les mesures nécessaires pour que les unités reçoivent en temps utile les livraisons qui leur sont dues.

Alimentation.

Art. 36. Le commandant surveille l'alimentation des unités de son groupe en s'inspirant des principes énoncés à l'article 9.

Il se rend compte de la gestion des commandants d'unité et des initiatives qu'ils prennent ; il provoque au besoin leurs demandes et, lorsqu'il n'a pas qualité pour décider lui-même, transmet et appuie celles d'entre elles qu'il juge susceptibles d'aboutir.

Il se fait présenter, en conformité des règlements, les livrets d'ordinaire des unités, s'assure qu'ils sont régulièrement tenus et que toutes les prescriptions relatives au taux et à l'emploi des bonis sont exactement observées.

Le commandant surveille et contrôle, conformément aux principes énoncés à l'article 11, les mess, coopératives et cantines spécialement affectés à son groupe.

Il se renseigne sur le régime alimentaire des sous-officiers ou autres gradés de son groupe dans les mess et cantines qui fonctionnent pour l'ensemble du régiment; s'il y a lieu, il adresse à ce sujet des demandes ou propositions au colonel.

Casernement.

Art. 37. Le commandant établit une répartition judicieuse entre ses unités du casernement affecté à son groupe.

Il exerce une surveillance attentive sur la bonne tenue des locaux affectés en propre à chaque unité; il fixe des responsabilités bien nettes en ce qui concerne l'hygiène, la propreté et l'entretien des locaux communs à plusieurs unités (cuisines, réfectoires, lavoirs, séchoirs, locaux des coopératives, magasins d'éclairage et de chauffage, etc.).

Il passe des revues de casernement, le plus souvent inopinées, se fait présenter les écritures et vérifie l'existence du matériel de casernement en compte dans les unités.

Il fait relever par ordre d'urgence les améliorations à apporter aux divers locaux, formule des propositions et se tient prêt à fournir tous les renseignements qui peuvent lui être demandés à ce sujet.

État sanitaire et hygiène des hommes.

Art. 38. Le commandant surveille l'état sanitaire de son groupe, recherche les causes des variations qui se produisent et rend compte de ses observations au colonel.

Il exige des commandants d'unité l'exécution stricte des prescriptions relatives à l'hygiène de la troupe: il reçoit leurs propositions à ce sujet et donne à celles-ci la suite qu'elles peuvent comporter. Lorsque les circonstances le permettent, il organise dans son groupe des conférences ou instructions sur les dangers de l'alcoolisme et la prophylaxie des principales maladies.

Il veille à ce que la progression des divers travaux et exercices soit judicieusement réglée.

Hygiène des chevaux.

Art. 39. Le commandant est responsable de la conservation des chevaux de son groupe; il doit connaître dans l'ensemble leur condition, renseigner le colonel à cet égard et lui soumettre les propositions nécessaires. Il surveille les commandants d'unité dans l'exécution des devoirs qui leur sont tracés par l'article 56.

Contrôle.

Art. 40. Le contrôle du commandant s'exerce en partie par son contact journalier avec les commandants d'unité et les rapports et comptes rendus qu'il en reçoit, en partie par des inspections portant sur toutes les branches du service. Ces inspections doivent être réglées de façon à ne jamais entraver ou retarder l'instruction ; le commandant s'attache à en dégager un enseignement pratique pour le personnel des unités sous ses ordres. Il s'inspire dans ses critiques des principes énoncés à l'article 15.

Comptes rendus, transmission des ordres.

Art. 41. Le commandant reçoit chaque jour, à l'heure qu'il fixe, les situations-rapports (modèle n° 1) des unités sous ses ordres, les annote, les complète s'il y a lieu, donne son avis sur les demandes qui les accompagnent et les adresse au colonel.

Il rend immédiatement compte au colonel de tout incident dont il est utile de l'avertir sans retard.

Les ordres et décisions du colonel à exécuter par les unités passent par son intermédiaire ; dans les cas urgents seulement, le service général fait des communications directes aux unités.

Cas d'absence.

Art. 42. En cas d'absence, le commandant est suppléé par le capitaine le plus ancien du groupe. Il conserve néanmoins le commandement et adresse ses instructions au capitaine qui le remplace ; lorsque celui-ci doit s'écarter de ces instructions, il en rend compte au colonel.

CHAPITRE V.

Auxiliaires du commandant.

Officier adjoint.

Art. 43. L'officier adjoint au commandant est désigné en con-

formité de la loi des cadres ou, à défaut de prescription de la
loi à ce sujet, parmi les officiers dont la situation est définie à
l'article 23.

Il seconde le commandant dans toutes les parties du service
et concourt d'après son ancienneté avec les autres officiers du
groupe pour le remplacer en cas d'absence.

Sous-officier de groupe.

Art. 44. Le sous-officier de groupe est désigné suivant la règle
indiquée à l'article 23 ; il est employé à toutes les parties du
service.

TITRE III.

Le Capitaine.

CHAPITRE VI.

Devoirs généraux.

Autorité et responsabilités du capitaine.

Art. 45. Le capitaine est le chef immédiat de son unité ; il en
est responsable à tous les points de vue, dans les conditions définies par l'article 1.

Le principe de la plénitude d'autorité et de responsabilité qui
fixe la situation du colonel et du commandant à la tête du régiment et du groupe, fixe également celle du capitaine à la tête
de l'unité. *L'application de ce principe ne s'étend pas aux subordonnés du capitaine.*

Le capitaine doit plus particulièrement :

Pourvoir à tous les besoins de son unité conformément aux
règlements ;

Réaliser la préparation à la guerre ;

Exécuter les ordres et les services commandés conformément
aux intentions des chefs et prendre à cet effet les initiatives nécessaires ;

Habituer de même ses subordonnés à prendre des initiatives,
à assumer des responsabilités dans les limites qu'il leur trace,

et utiliser au mieux des intérêts du service leurs aptitudes et leur savoir.

Préparation à la guerre.

Art. 46. Les devoirs imposés au capitaine et les moyens qu'il emploie pour la préparation de son unité à la guerre comprennent :

La discipline exigée de tous ;

L'éducation militaire ;

L'instruction des officiers et de la troupe ;

La tenue à jour des dossiers de mobilisation et la prévision des mesures nécessaires pour l'exécution sûre et rapide, au moment du besoin, des opérations à effectuer ;

La garde, l'entretien et le bon emploi du matériel en compte dans l'unité ;

La visite périodique, soit d'après les ordres donnés, soit en provoquant ces ordres, du matériel que l'unité n'a pas en compte, mais dont elle prendrait livraison à la mobilisation ;

Les comptes rendus et demandes ayant pour objet la mise en état de ce matériel ;

La surveillance de l'état sanitaire et de l'hygiène des hommes ;

La surveillance de la condition et de l'hygiène des chevaux.

Administration.

Art. 47. Les devoirs et les responsabilités du capitaine en matière d'administration sont définis par des règlements spéciaux ; ils portent sur les points suivants :

Faire tenir régulièrement la comptabilité de l'unité ;

Assurer la perception et le payement de la solde et des allocations diverses dues à la troupe ;

Gérer les magasins de l'unité et les fonds particuliers ;

Pourvoir les soldats et les gradés de tous les objets qui leur sont nécessaires et assurer les réparations et les remplacements ;

Entretenir dans un esprit de méthode et de prévoyance le matériel de toute nature mis à la disposition de l'unité ;

Gérer les ordinaires et, par une utilisation judicieuse des ressources, procurer aux hommes une alimentation saine, abondante et variée ;

Assurer le service du couchage et de l'ameublement, du chauffage et de l'éclairage.

Commandement, discipline et éducation militaire.

Art. 48. Le capitaine exerce son commandement avec méthode, bienveillance et fermeté.

L'ascendant qu'il prend sur ses subordonnés, le respect qu'il leur inspire et les conseils qu'il leur donne doivent, en principe, suffire à obtenir une discipline parfaite et une tenue irréprochable. Lorsque ces moyens ne suffisent pas, il n'hésite pas à recourir aux sanctions disciplinaires ; il applique celles-ci avec mesure, dans un esprit de justice et d'impartialité.

Le capitaine complète son action par l'éducation militaire dirigée dans un sens pratique et mise à la portée de tous. La haute mission de l'armée, l'importance des intérêts qu'elle est appelée à sauvegarder et à défendre, la nécessité de lui donner par la discipline la force dont elle a besoin, forment la base de cet enseignement.

Des instructions sont faites sur le code de justice militaire, les conditions d'engagement et de rengagement, les devoirs des militaires dans leurs foyers et à la mobilisation.

Dans les loisirs que laisse l'exécution du service, les aptitudes des officiers, gradés et soldats de l'unité sont utilisées pour des conférences ou lectures ayant trait à l'histoire militaire du pays ou à celle du régiment et susceptibles de développer chez tous le sentiment du devoir, de l'honneur et du dévouement à la patrie.

Le capitaine prend, en ce qui concerne son unité, toutes les mesures nécessaires pour l'exécution des prescriptions des articles 5 et 31 concernant l'interdiction de toute propagande ou de toute introduction à la caserne de publications pouvant nuire à la discipline et à l'esprit militaire de la troupe.

Rapports avec les officiers de l'unité.

Art. 49. Le capitaine a pour auxiliaires directs les lieutenants, sous-lieutenants et, s'il y a lieu, les adjudants-chefs affectés à l'unité.

Il dirige et développe leur instruction et leur éducation militaires ; il s'applique à leur faire acquérir la fermeté de caractère, la rectitude de jugement et la maturité d'esprit dont ils ont besoin pour commander à leurs gradés et à leurs hommes.

Il s'attache, en tenant compte de leur expérience et de leurs aptitudes, à ne leur donner que des instructions d'ensemble et à leur laisser l'initiative et la responsabilité d'assurer, par leurs ordres et leurs consignes de détail, l'exécution satisfaisante des services dont ils sont chargés.

Son action doit se faire surtout sentir sur les officiers qui débutent; il leur inculque l'esprit militaire, le goût pour le service, les habitudes d'ordre, de méthode et d'exactitude.

Le capitaine donne à ses officiers l'exemple de l'entraînement aux fatigues, à la marche et à l'équitation. Il les encourage à s'adonner à l'escrime et aux exercices du corps qui peuvent développer leur vigueur physique et faire d'eux, à tous les points de vue, les instructeurs et les éducateurs de leurs hommes.

Il les incite aux études ou travaux qui peuvent étendre leurs connaissances militaires ou élever le niveau de leur instruction générale.

Le capitaine a des devoirs analogues à l'égard des officiers de réserve ; pendant leurs périodes d'exercices, il règle leur emploi du temps en vue de la guerre et les prépare spécialement aux fonctions qui leur sont dévolues à la mobilisation.

En même temps qu'il impose aux officiers sous ses ordres l'entier accomplissement de leurs devoirs, le capitaine leur facilite le commandement, appuie leur autorité et maintient leur prestige vis-à-vis de la troupe.

Rapports avec les gradés et la troupe.

Art. 50. Le capitaine apporte toute son attention à recruter, former et instruire ses gradés. Il tient compte, dans ses propositions, de l'instruction première des candidats aux divers grades, mais se préoccupe surtout de leur caractère, de leur conduite, de leur vigueur physique et de leurs aptitudes aux fonctions d'instructeur et au commandement.

En dehors des séances d'exercice, et indépendamment des cours régimentaires, il fait donner des compléments d'instruction générale aux candidats qui en ont besoin.

Il conserve constamment le contact avec ses gradés et principalement avec les sous-officiers. Il ne néglige aucune occasion de leur marquer sa sollicitude, de les aider de ses conseils et d'appuyer les demandes dignes d'intérêt qu'ils lui adressent.

En toute circonstance et même en dehors du service, il s'intéresse aux soldats de son unité et se renseigne sur leurs besoins.

Il veille à ce que les gradés les traitent avec l'esprit de justice et de bienveillance qu'il leur témoigne lui-même. Il interdit et, le cas échéant, réprime les violences, les brimades, les écarts de langage et le tutoiement de supérieur à inférieur.

Il vérifie fréquemment la remise des lettres et de l'argent adressés aux sous-officiers, caporaux et soldats de son unité et s'assure qu'elle est faite avec une scrupuleuse exactitude.

A l'arrivée du contingent, il constate l'instruction première des jeunes soldats et facilite à ceux qui en font la demande les moyens de la perfectionner; il prend les mesures nécessaires pour qu'aucun militaire de son unité ne rentre illettré dans ses foyers à l'expiration de son service.

D'une manière générale, il s'attache à acquérir une connaissance complète de ses subordonnés, à se rendre compte des services qu'ils peuvent rendre, des efforts qu'ils peuvent fournir, et à pouvoir, lorsqu'ils commettent des infractions, apprécier équitablement leur responsabilité et l'opportunité des mesures d'indulgence ou de sévérité dont chacun d'entre eux doit être l'objet.

Instruction et service.

Art. 51. Le capitaine est responsable de l'instruction de son unité. Il en règle la progression conformément au programme d'ensemble tracé par le commandant de groupe et aux prescriptions des règlements de manœuvre. Il s'attache à intéresser ses subordonnés aux divers exercices et se rend toujours compte des efforts qu'il peut leur demander.

Il s'inspire, en ce qui concerne son unité, des principes énoncés aux alinéas 3, 4, 5 et 6 de l'article 6.

Alimentation.

Art. 52 (1). Le capitaine gère l'ordinaire en se conformant aux prescriptions réglementaires et en tenant compte de la différence des besoins suivant les régions, les époques de l'année et le travail imposé au personnel.

Il tire le meilleur parti des ressources dont il dispose et règle les perceptions, les achats et l'emploi des denrées de façon à éviter tout abus et toute consommation inutile. Il prend les me-

(1) Article modifié par le décret du 30 octobre 1912 (B. O., p. 1763).

sures nécessaires pour la bonne installation des cuisines et des réfectoires et pour maintenir ces locaux et leurs dépendances dans le plus grand état de propreté; il choisit autant que possible les cuisiniers parmi les professionnels, veille à leur tenue et au nettoyage de leurs effets; il assure la variété des menus et la bonne préparation des repas. Il vérifie la qualité des denrées. Il s'attache à éviter les fraudes; lorsqu'il s'en produit, il les constate sans retard, dans les conditions prévues par l'article 138 pour en assurer la répression.

Lorsqu'une coopérative est spécialement affectée à son unité, le capitaine en surveille de près le fonctionnement et observe, en ce qui le concerne, les prescriptions des articles 11 et 80.

Le capitaine se renseigne sur la qualité de l'alimentation de ses sous-officiers au mess ou dans les cantines; il adresse au commandant les demandes ou observations qu'il croit devoir formuler à ce sujet.

Habillement, armement, harnachement. — Magasin d'unité.

Art. 53. Le capitaine est responsable de l'état d'entretien de l'habillement, de l'équipement, de l'armement et du harnachement de son unité.

Il apporte dans l'établissement de ses bons mensuels toute la méthode nécessaire pour conserver toujours des ressources normales en effets de toute nature et pourvoir à tous les besoins de la mobilisation.

Il entretient au complet et en bon état, d'après les ordres donnés, les collections d'effets destinées à l'habillement des réservistes et des territoriaux pendant les périodes de convocation.

Lorsque des retards se produisent dans les livraisons d'effets portés sur ses bons mensuels, il en rend compte au commandant.

Il règle le port des effets des différentes catégories d'après les instructions d'ensemble du colonel et en tenant compte des ressources de l'unité.

Il fait assurer le service du magasin d'unité par un soldat garde-magasin, sous la surveillance du sergent-major.

Casernement, couchage et ameublement.

Art. 54. Le capitaine répartit d'une façon judicieuse le casernement entre les différentes fractions de son unité.

Il fait tenir son casernement dans un parfait état de propreté et d'entretien.

Il donne les ordres nécessaires pour l'aération des chambres, l'entretien des planchers, l'enlèvement des poussières ; il veille à ce que le chauffage et l'éclairage soient assurés réglementairement.

Il provoque l'exécution des mesures relatives au blanchiment des murs et plafonds.

Il donne des consignes pour que les couloirs, escaliers et divers locaux communs soient tenus en parfait état de propreté et pour que les responsabilités incombant de ce chef aux divers officiers et gradés soient nettement établies.

Il prend ou provoque, en se conformant aux prescriptions des règlements, les mesures nécessaires pour l'aménagement des chambres de sous-officiers, de salles de réunion d'hommes, de salles d'astiquage à proximité des chambres, et, d'une manière générale, pour améliorer à tous les points de vue l'installation matérielle de la troupe.

Il vérifie fréquemment le matériel de couchage et l'état des fournitures de literie ; il fait, de temps à autre, exposer en plein air ce matériel et ces fournitures ; il en provoque le remplacement lorsqu'il le juge nécessaire.

A défaut d'armoires fournies par le service du casernement, il autorise les caporaux et soldats à se pourvoir de boîtes fermant à clef, destinées à contenir leurs menus objets.

Aux heures des exercices et quand il le juge utile, il fait fermer à clef les chambres, magasins et autres locaux de l'unité.

Lorsque des fractions de son unité sont logées en dehors des bâtiments militaires, notamment pendant les périodes de convocation des réservistes ou des territoriaux, il prend toutes les mesures nécessaires pour assurer la répartition, l'aménagement, la propreté et l'hygiène des locaux désignés à cet effet.

Etat sanitaire et hygiène des hommes.

Art. 55. Le capitaine ne perd jamais de vue que l'un de ses plus essentiels devoirs est de prendre ou de provoquer toutes les mesures nécessaires pour maintenir un état sanitaire entièrement satisfaisant dans l'unité qu'il commande.

Il impose à tous ses subordonnés une observation rigoureuse des règles d'hygiène et de propreté ; il leur fait comprendre la nécessité de ces règles par des instructions pratiques sur la prophylaxie des principales maladies, les dangers de l'alcoolisme, l'appropriation du vêtement au climat et aux époques de l'année, l'aération, le balayage, le chauffage et l'éclairage des chambres, les précautions à prendre pour la conservation de l'eau de boisson dans les cruches et du pain dans les armoires spéciales.

Le capitaine règle les programmes de l'instruction et du service, de manière à maintenir un équilibre judicieux entre le travail, l'alimentation et le repos.

Il s'applique à connaître le tempérament et le fonds de résistance de tous les hommes de son unité; à cet effet, il assiste ainsi que ses officiers à la visite médicale qui suit l'incorporation et aux visites annuelles qui précèdent les manœuvres d'automne.

Il visite les hommes à l'infirmerie et à l'hôpital.

Il porte une attention particulière sur les malingres et les hommes du service auxiliaire et tient compte de leur constitution pour régler l'exécution de leur service.

Il exige que les officiers et les gradés veillent de même à l'observation de toutes les règles d'hygiène et montrent une sollicitude constante pour la santé de leurs hommes.

Conservation, hygiène et alimentation des chevaux.

Art. 56. Le capitaine est responsable des chevaux de son unité. Il doit connaître la condition de chacun d'eux et prendre ou provoquer toutes les mesures propres à la rendre et à la maintenir satisfaisante.

Il donne les ordres ou consignes nécessaires en ce qui concerne l'hygiène générale, le service des écuries et le pansage, les repas et l'abreuvoir, la vérification et la distribution des denrées fourragères, les soins à donner aux jeunes chevaux.

Il est chargé de l'entretien de la ferrure et en a la responsabilité.

Il se conforme aux prescriptions réglementaires en ce qui concerne le marquage, les propositions pour la réforme, la constitution et l'entretien des approvisionnements de fers de rechange, l'entretien et le remplacement du harnachement.

Situation-rapport. — Demandes et comptes rendus.

Art. 57. Chaque jour, à l'heure fixée, le capitaine remet au commandant une situation-rapport (modèle n° 1) à laquelle sont joints les comptes rendus et demandes intéressant l'unité. Il rend compte immédiatement de tout incident dont le commandant doit être informé sans délai.

Cas d'absence du capitaine.

Art. 58. Le capitaine absent momentanément conserve la direction d'ensemble de son unité.

L'officier le plus élevé en grade ou le plus ancien prend le commandement provisoire, lui demande ses instructions et s'y conforme. Lorsqu'il croit devoir s'en écarter, il en rend compte au commandant.

CHAPITRE VII.

Auxiliaires du capitaine.

Officiers et adjudants-chefs de l'unité.

Art. 59. Les lieutenants et sous-lieutenants et, s'il y a lieu, les adjudants-chefs, sont les auxiliaires directs du capitaine; ils sont responsables envers lui de la fraction d'unité placée directement sous leurs ordres pour tout ce qui concerne la tenue, la discipline et l'hygiène des hommes, la condition des chevaux, la propreté du casernement, le bon entretien des armes, du matériel, de la ferrure et du harnachement.

Ils sont employés à tous les détails de l'instruction, de l'éducation militaire et des divers services de l'unité.

Ils passent les revues prescrites par le capitaine, rendent compte des besoins constatés et s'assurent au moins une fois par mois que tous les soldats et gradés placés sous leurs ordres possèdent en bon état et au complet les effets, armes et équipement réglementaires.

Ils s'appliquent à connaître complètement les sous-officiers, caporaux et soldats de leur fraction, entretiennent chez eux le goût du service, stimulent leur initiative, leur donnent l'exemple de la vigueur, de l'entrain, de l'allure militaire, de la résistance aux fatigues.

Ils veillent à l'exécution des ordres donnés par le capitaine, à l'observation des consignes générales de l'unité et prescrivent d'eux-mêmes les mesures de détail nécessaires pour que rien ne soit négligé dans aucune partie du service qu'ils ont à assurer.

Ils doivent connaître le tempérament et les qualités de résistance de chacun de leurs chevaux.

Ils visitent chaque jour le casernement et les écuries de la fraction d'unité qu'ils commandent, en assurent le bon entretien et la propreté, se font rendre compte des mutations, permissions, punitions, visites médicales et vétérinaires, des effets perdus ou détériorés et, en général, de tous les détails de l'existence journalière de la troupe.

Ils interrogent fréquemment leurs hommes, s'assurent qu'ils reçoivent régulièrement les perceptions auxquelles ils ont droit, que leur alimentation est suffisante et de bonne qualité ; d'une manière générale, ils s'intéressent à tout ce qui concerne le personnel sous leurs ordres.

Ils dirigent dans les détails du service les sous-lieutenants sortant des écoles ou les officiers de réserve et, en particulier, ceux récemment promus.

Ils se préparent à prendre à l'improviste le commandement de l'unité.

Adjudant d'unité.

Art. 60. L'adjudant d'unité appelé à commander une fraction d'unité exerce ce commandement dans les mêmes conditions que les lieutenants et sous-lieutenants et avec les mêmes responsabilités.

Il exerce une surveillance directe et constante sur les sous-officiers, caporaux et soldats de l'unité ; il s'attache à les connaître à fond afin de pouvoir renseigner les officiers et le capitaine sur leur conduite, leurs aptitudes et leur manière générale de servir.

Il est employé par le capitaine, sous la direction des officiers, aux détails du service intérieur et de l'instruction ; il est chargé particulièrement des mesures de police, de l'exécution des consignes générales du capitaine, des rassemblements, des appels et contre-appels de l'unité ou des hommes punis, d'assurer la propreté des locaux communs, escaliers, couloirs, lavabos, cuisines, réfectoires.

Il surveille tous les détails du service particulier de l'unité, tient le contrôle du personnel employé à ce service et au service général.

Il assiste à l'appel du soir ou prend les ordres du capitaine pour se faire remplacer ; il se fait rendre compte de l'appel du matin et le contrôle.

Il présente à l'inspection des officiers les fractions commandées pour le service général.

Il surveille les sous-officiers, caporaux et soldats punis, les fait conduire, le cas échéant, aux locaux disciplinaires ou constate leur présence dans les chambres s'ils sont consignés.

En cas d'absence, il est remplacé dans ses fonctions par le sergent-major.

Gradés comptables de l'unité.

Art. 61. L'unité comporte un sergent-major chef comptable et des gradés comptables adjoints, sergent fourrier et caporal fourrier ou adjoint au fourrier.

Le sergent-major est chargé, sous l'autorité et la direction du capitaine, de la comptabilité de l'unité et de la conservation du matériel qui n'est pas en service.

Il soumet à la signature du capitaine toutes les pièces concernant les prestations en deniers et en nature ; il est chargé des payements et des distributions.

Il est responsable, vis-à-vis du capitaine, des deniers et matières dont il fait la perception pour le compte de l'unité.

Lorsqu'il est autorisé à percevoir le prêt chez le trésorier, il porte immédiatement au capitaine la somme qu'il a touchée.

Il est chargé d'assurer la transmission et la communication des ordres. Le capitaine l'emploie à la préparation de la correspondance relative au service.

Les fourriers comptables adjoints sont à la disposition du sergent-major et le secondent dans toutes les parties du service.

En cas d'absence, le sergent-major est remplacé dans ses fonctions par le sergent fourrier.

Gradés des cadres de l'unité.

Art. 62. Les cadres de l'unité comprennent les sous-officiers et les caporaux.

L'unité comprend également des soldats de 1re classe ou pourvus d'emplois spéciaux, possédant les droits prévus par les règles de la subordination.

Les sous-officiers chefs des fractions placées sous les ordres des officiers ou de l'adjudant sont responsables, vis à-vis de ceux-ci :

1° Des parties de l'instruction et de l'éducation militaires qui leur sont confiées, de la régularité et de la propreté de la tenue de leurs subordonnés ;

2° De l'observation des règles d'hygiène des hommes et des chevaux ;

3° De la propreté et de l'entretien des chambres et des écuries de leur fraction ;

4° De la conservation, de la propreté et de l'entretien des armes et effets de toute nature.

Ils surveillent la conduite privée des caporaux et soldats sous leurs ordres. Ils appuient les caporaux de leur autorité, observent leur manière de commander et répriment toute familiarité et toute brusquerie.

Ils rendent compte des mutations, des demandes de punition ou de permission, des pertes d'effets et de tout ce qui intéresse les caporaux et soldats de leur fraction.

En dehors de leurs fonctions de chef de fraction, ils sont à la disposition du capitaine pour les emplois spéciaux qu'il aurait à leur confier dans l'unité.

Ils roulent entre eux pour le service général du corps et le service particulier de l'unité.

Les caporaux ont pour devoir essentiel de donner l'exemple de la discipline, de la bonne conduite, de l'exactitude et de la tenue. Vivant au milieu des soldats, ils maintiennent le bon ordre et n'oublient jamais que la meilleure manière de se faire respecter est de se montrer justes envers leurs subordonnés, de s'abstenir de toute familiarité, de toute brusquerie, et d'exiger de chacun la ponctuelle exécution du service.

Ils roulent entre eux pour le service général du corps et le service particulier de l'unité.

Dans la fraction qu'il commande, le caporal est plus particulièrement chargé des instructions de détail données individuellement aux soldats. Il veille à la police, à la discipline, à l'observation des règles d'hygiène et de propreté. Il est responsable de l'entretien et de la conservation des effets, de l'équipement et du harnachement. Il fait préparer les hommes pour le service ou l'exercice. Il rend compte des manquements aux appels, des retards et des absences non justifiées. Il signale immédiatement les pertes ou vols des effets ou objets de toute nature appartenant aux hommes de sa fraction.

Lorsque le caporal est le plus ancien de sa chambrée, il est responsable du matériel du casernement et doit rendre compte des dégradations qui se produisent. Il fait lever les soldats au réveil, procède à l'appel, fait aérer la chambre et découvrir les lits, rend compte des événements de la nuit et signale les malades. Il veille en tout à la propreté et au bon ordre ; il exige qu'à l'heure fixée, les lits soient faits et les paquetages régulièrement placés. Il fait l'appel du soir et, d'une manière générale, assure l'exécution de toutes les consignes relatives à la tenue des chambres.

A défaut de caporal, les fonctions de ce grade sont remplies par les soldats de 1re classe ou ceux pourvus d'un emploi leur conférant autorité.

CHAPITRE VIII.

L'unité hors rang.

Prescriptions générales.

Art. 63. Les corps de troupe comprennent une « unité hors rang » dont le personnel est affecté, en principe, à des services du temps de paix. L'officier d'habillement commande l'unité hors rang ; il relève à ce titre du major qui remplit vis-à-vis de lui les fonctions de commandant de groupe. Sauf les exceptions prévues par les règlements spéciaux ou les instructions ministérielles, il a les droits, les devoirs et les reponsabilités incombant au commandant d'unité, pour tout ce qui concerne la discipline, l'éducation militaire et la tenue de ses subordonnés, l'entretien et la propreté du casernement.

Le service professionnel des gradés et des hommes de l'unité hors rang n'engage sa responsabilité que lorsque ce service est placé dans ses attributions.

L'officier d'habillement est secondé, dans toutes les parties de son service, par l'officier ou sous-officier qui lui est adjoint.

Il règle, d'après les principes indiqués au titre V pour les commandants d'unité, le service particulier de l'unité hors rang et répartit ce service entre les gradés dont il dispose. Toutefois, il se conforme aux instructions du major pour régler la participation au service intérieur de ceux de ces gradés qui sont employés en permanence à d'autres services que ceux qui relèvent de l'officier d'habillement.

A moins de circonstances exceptionnelles dont le colonel reste juge, et sauf les cas prévus par le règlement sur le service de place, le personnel de l'unité hors rang est dispensé de service général.

Aucun soldat du service armé ne peut être classé à l'unité hors rang avant d'avoir accompli dix mois de service. Les exceptions à cette règle ne sont autorisées que par le commandant de corps d'armée.

Les sous-officiers, caporaux et soldats de l'unité hors rang prennent part à l'instruction lorsque le colonel en donne l'ordre; les maîtres ouvriers seuls en sont dispensés.

Dispositions spéciales à la musique.

Art. 64. La musique est rattachée à l'unité hors rang, mais pour l'administration seulement.

Le chef de musique a la direction exclusive du corps de musique : personnel et matériel ; il est responsable de la discipline, de l'éducation militaire, de la tenue et de l'instruction professionnelle des musiciens ; il a sur eux les mêmes droits qu'un commandant d'unité.

Il est secondé par le sous-chef de musique.

Pour le service spécial de la musique, il ne relève que du colonel, soit que la musique appartienne au régiment, soit qu'elle ne s'y trouve qu'en subsistance. Pour le service général, il relève, suivant les instructions du colonel, du commandant de service et de l'officier d'habillement. Pour la discipline, il relève de tous les officiers sous les ordres desquels il est placé dans un service commandé.

Le chef de musique est responsable du matériel de musique conformément aux dispositions des règlements administratifs.

Le sous-chef de musique seconde et, au besoin, supplée le chef de musique ; indépendamment de sa spécialité, il remplit auprès de lui les fonctions d'adjudant d'unité ; il est chargé de tous les détails du service, notamment des appels et des rassemblements.

Le personnel de la musique comprend des élèves musiciens et des musiciens titulaires dont le nombre est fixé par les règlements ou les instructions ministérielles.

Les élèves musiciens sont désignés par le colonel sur la proposition du chef de musique ; ils sont choisis parmi les soldats possédant l'aptitude voulue qui ont au moins quatre mois de service et ne sont pas élèves caporaux.

Les élèves musiciens ne peuvent être nommés musiciens titulaires que lorsqu'ils ont dix mois de service ; toutefois, des nominations avant dix mois de service peuvent être autorisées, à titre exceptionnel, par le général commandant le corps d'armée.

Les musiciens et élèves musiciens suivent les instructions relatives au service qu'ils sont appelés à fournir en temps de guerre.

DEUXIÈME PARTIE
RÈGLES D'EXÉCUTION

TITRE IV.
Discipline générale.

CHAPITRE IX.
Règles communes aux divers grades.

Manifestations extérieures de la discipline.

Art. 65. La discipline se traduit par diverses manifestations extérieures de conduite, de tenue, d'attitude et de déférence envers les chefs, qui témoignent de la valeur d'une troupe et de la façon dont elle est instruite et commandée.

A tous les degrés de la hiérarchie, les supérieurs doivent faire observer par leurs subordonnés les prescriptions ci-après.

Règles générales de conduite.

Art. 66. Les militaires de tout grade ne doivent jamais oublier les devoirs de dignité et de tenue que leur situation leur impose.

Ils s'abstiennent de tous actes, de toute attitude, de tous propos et de toutes fréquentations qui permettraient de mettre en doute leur fidélité au devoir, leur soumission aux lois ou leur respect pour les institutions du pays. En toute circonstance, ils donnent l'exemple de la correction.

Les dettes, lorsque les circonstances qui les accompagnent dénotent l'inconduite, entraînent, outre leurs conséquences légales, toutes les sévérités du règlement.

Tenue.

Art. 67 (1). La tenue doit être pour tous uniforme et réglementaire.

A l'intérieur des casernes, le colonel et les chefs des autres échelons du commandement fixent la tenue de la troupe sous leurs ordres pour les revues ou les exercices qu'ils commandent.

(1). Article modifié par le décret du 8 avril 1912. B. O., p. 449.

Au dehors, les tenues sont au nombre de quatre :

La tenue de travail, réglée par le commandant de l'unité ou l'officier qui commande le travail ou l'exercice ;

La tenue de sortie, fixée par le commandant d'armes, qui fixe également l'heure à partir de laquelle elle doit être prise ;

La grande tenue, définie par les instructions ministérielles ;

La tenue de campagne, définie par les instructions ministérielles. Pour les routes et les manœuvres, le colonel peut, suivant les circonstances, prescrire une tenue de campagne simplifiée qui prend le nom de *tenue de route*.

Les sous-officiers rengagés sont autorisés à porter en dehors du service la *tenue de ville* qui leur est attribuée, toutes les fois que la troupe prend la grande tenue ou la tenue de sortie.

Le port par les officiers de certains effets dont la possession n'est pas obligatoire : pelisses, vestons, vareuses, paletots de cuir, jambières, leggins, etc., est réglementée par des instructions ministérielles spéciales que les détenteurs de ces effets doivent strictement observer.

Les militaires de tout grade se conforment aux instructions ministérielles spéciales qui réglementent la tenue en permission ou en congé.

Les militaires ne peuvent porter l'uniforme à l'étranger que dans le cas de mission régulière et en conformité des instructions ministérielles. Les officiers dans d'autres situations qui désirent assister en tenue à une cérémonie célébrée à l'étranger doivent s'adresser au représentant diplomatique de la France qui peut leur accorder, au nom du Ministre de la guerre, l'autorisation nécessaire.

En dehors du service, les officiers ou assimilés sont autorisés à porter la tenue bourgeoise. Les adjudants-chefs et adjudants ainsi que les sous-officiers mariés à solde mensuelle, peuvent porter cette tenue les dimanches et jours fériés.

Le colonel peut également autoriser, à titre exceptionnel, les autres sous-officiers à porter cette tenue, sur demande formulée en vue d'un objet déterminé, tel que réunion sportive ou excursion, l'autorisation est spéciale à chaque demande.

Il peut autoriser les sous-officiers et caporaux rengagés à la revêtir quand ils sont en permission ; dans les mêmes conditions, il n'accorde qu'exceptionnellement cette autorisation aux gradés non rengagés et aux hommes de troupe ; mention de cette autorisation est portée sur le titre d'absence.

La tenue de sortie doit être irréprochable. Les effets, excluant toute fantaisie, doivent être très propres et toujours boutonnés, la coiffure placée droite, les épaulettes et la cravate bien ajustées, la chaussure en bon état et pourvue d'éperons pour les militaires qui doivent en porter. Le ceinturon doit serrer suffisamment la taille, mais sans que les effets fassent des plis. Le sabre-baïonnette doit tomber en arrière de la bande ou à deux doigts en arrière de la couture du pantalon. Le sabre est mis au crochet pour conserver la liberté des mains ; lorsqu'il n'est pas au crochet, il est porté de la façon suivante : la main gauche embrassant le fourreau à la hauteur de l'anneau, la garde en avant et le fourreau incliné d'avant en arrière. Le sabre doit être conservé dans les théâtres ou lieux de réunion analogues ; le commandant d'armes peut modifier cette prescription lorsqu'elle est contraire aux usages locaux.

Il est interdit aux militaires de fumer la pipe dans les rues, de mettre les mains dans les poches ou de lire en circulant en ville, de se donner en spectacle dans les luttes foraines. Ils doivent obtenir l'autorisation pour paraître comme exécutants dans les représentations théâtrales ou concerts, ou pour prendre part à des courses. Suivant les circonstances, cette autorisation peut leur être accordée s'ils sont à même de figurer honorablement dans ces diverses réunions.

Les militaires portent les cheveux courts, surtout par derrière, la moustache avec ou sans la mouche, ou la barbe entière. Pendant les périodes d'exercices, les militaires réservistes ou territoriaux sont autorisés à conserver leur port de barbe habituel.

Marques extérieures de respect.

Art. 68. Tout militaire doit en toute circonstance, de jour et de nuit, en dehors du service comme dans le service, des marques extérieures de respect à ses supérieurs.

L'inférieur s'adresse à son supérieur avec politesse et déférence, sans se montrer timide ni obséquieux ; le supérieur parle à l'inférieur avec fermeté, sans morgue ni raideur, et sans le tutoyer.

Lorsqu'un officier général arrive au quartier, le poste sort en armes et rend les honneurs ; à l'arrivée du colonel, le poste sort et se met au repos de l'arme ; le commandant de service se tient à la disposition de l'officier général ou du colonel.

Lorsqu'un supérieur arrive devant une troupe placée sous ses ordres, l'officier ou le gradé qui la dirige se porte au-devant du supérieur et lui rend compte de l'instruction donnée à cette troupe ou du travail qu'elle exécute. A l'intérieur des casernes, cette règle n'est appliquée que dans les limites indiquées par le colonel et les commandants de groupe et d'unité.

Lorsque plusieurs officiers ou gradés sont réunis pour une circonstance de service, ils se forment sur l'ordre du plus élevé en grade ou du plus ancien, suivant les principes du règlement de manœuvre.

Le salut.

Art. 69. Le salut étant la plus fréquente des marques extérieures de respect, son entière correction doit être strictement exigée.

Le salut est exécuté de la manière suivante :

Porter la main droite ouverte au côté droit de la coiffure, la main dans le prolongement de l'avant-bras, les doigts étendus et joints, le pouce réuni aux autres doigts, la paume de la main en avant, le bras sensiblement horizontal et dans l'alignement des épaules.

L'attitude du salut doit être prise d'un geste vif et décidé ; tout militaire exécutant le salut de pied ferme ou en marche rectifie son attitude, lève la tête et tend les jarrets ; il regarde la personne qu'il salue ; le salut terminé, il replace vivement la main droite sur le côté.

Tout militaire croisant un supérieur, le salue quand il en est à six pas et continue à marcher en conservant l'attitude du salut jusqu'à ce qu'il l'ait dépassé.

S'il dépasse un supérieur, il le salue en arrivant à sa hauteur et conserve l'attitude du salut jusqu'à ce qu'il l'ait dépassé de deux pas.

S'il fume, il prend son cigare ou sa cigarette de la main gauche et salue de la main droite.

S'il porte un pli ou un paquet, il salue de même en prenant le pli ou le paquet dans la main gauche.

S'il conduit un cheval en main ou est empêché de la main droite pour toute autre cause, il rectifie sa démarche et regarde son supérieur jusqu'à ce qu'il l'ait dépassé.

S'il croise un supérieur dans un escalier, il lui cède la rampe et se range pour le saluer.

S'il le croise à l'embrasure d'une porte, il le laisse passer le premier ; dans la rue, il lui cède le haut du trottoir.

S'il le croise étant à cheval, il passe au pas avant de le saluer.

S'il est en voiture, il salue de la main droite comme s'il était à pied ; il se lève si la voiture est à l'arrêt.

S'il est à bicyclette, il ralentit l'allure et salue de la main droite sans cesser de surveiller sa machine.

S'il entre dans un café, un restaurant ou tout autre établissement public où se trouve un supérieur, il salue avant d'aller s'asseoir. Il se lève et salue lorsque, étant assis à la terrasse d'un café ou d'un établissement public, il voit passer un supérieur sur la chaussée.

Le salut ne se renouvelle pas dans une promenade ou autre lieu public. Les casernes, camps d'instruction et cantonnements des manœuvres peuvent être assimilés aux lieux publics suivant les ordres des chefs de corps et des commandants des camps et cantonnements.

Le commandant d'une troupe en marche en armes ou sans armes et le militaire marchant isolément en armes saluent ou rendent les honneurs conformément aux prescriptions du règlement sur le service de place.

Droit au salut.

Art. 70. Tout militaire isolé passant devant un drapeau ou étendard le salue.

Le préfet en uniforme a droit au salut des militaires de tous grades.

Le sous-préfet et le secrétaire général en uniforme doivent le salut aux officiers généraux et fonctionnaires assimilés ; ils ont droit au salut de tous les autres militaires.

Tout inférieur doit le salut à ses supérieurs des armées de terre et de mer, soit de jour, soit de nuit.

L'inférieur prévient le supérieur en le saluant le premier ; le supérieur rend le salut.

A grade ou à rang égal, les militaires échangent le salut ; ceux décorés de la Légion d'honneur ou de la médaille militaire et les rengagés sont salués les premiers. Toutefois, lorsque deux militaires de grade ou de rang égal sont placés par leurs fonctions dans la situation de supérieur à subordonné, le second doit le premier le salut.

Les gendarmes doivent le salut aux officiers ; ils ne le doivent pas aux sous-officiers et caporaux étrangers à leur corps.

Les officiers et sous-officiers des compagnies de sapeurs-pompiers des communes revêtus de leur uniforme ont droit, de la part des militaires, au salut que comportent les insignes du grade dont ils sont investis dans les compagnies ; il y a réciprocité de la part des sapeurs-pompiers de tout grade à l'égard des militaires.

Les officiers des corps de douaniers et de chasseurs forestiers ont les mêmes droits et les mêmes devoirs, même hors le cas de convocation ; leurs subordonnés ne doivent le salut qu'aux officiers.

Les militaires ne sont pas astreints à saluer les membres de la Légion d'honneur qui portent leur décoration sur un habillement civil ou un costume étranger à l'armée.

Les militaires de tout grade de la réserve ou de l'armée territoriale ont, en matière de salut, les devoirs et les droits communs à tous les militaires de l'armée active, dans toutes les circonstances où ils portent l'uniforme.

Suivant leur grade, les militaires saluent les militaires des armées étrangères ou échangent le salut avec eux.

Manière de se présenter à un supérieur.

Art. 71. Un soldat ou gradé qui se présente à un supérieur pour lui faire une communication verbale ou lui remettre un pli, observe les prescriptions suivantes :

Dans le premier cas, il salue, prend la position du « garde à vous » et fait la communication dont il est chargé.

Dans le second cas, il salue, prend la position du « garde à vous », remet le pli de la main gauche et attend les ordres de son supérieur. Lorsque sa mission est terminée, il salue, fait demi-tour réglementairement et se retire.

S'il porte le fusil ou s'il a le sabre à la main, il se conforme à ce qui vient d'être dit, mais repose l'arme au lieu de saluer.

Le porteur d'un pli ne parle que si on l'interroge ou s'il ne comprend pas ce que lui dit son supérieur ; dans ce cas, il prie celui-ci de répéter et répète lui-même si le supérieur l'y invite.

Un militaire interpellé par un supérieur prend une allure vive pour se porter à sa rencontre ; en toute circonstance, il doit fournir avec empressement à son supérieur le concours dont ce dernier peut avoir besoin.

Les soldats ordonnances, secrétaires, ouvriers ou employés à un titre quelconque, sont soumis, dans leur service, à toutes les obligations du règlement concernant le salut et les autres marques extérieures de respect.

Visite des officiers dans les locaux occupés par la troupe.

Art. 72. Lorsqu'un officier subalterne entre dans une chambre occupée par la troupe, le soldat ou gradé qui l'aperçoit le premier commande : « Fixe » ; les soldats se lèvent, se découvrent et gardent le silence et l'immobilité jusqu'à ce que l'officier soit sorti ou qu'il ait commandé : « Repos ». Si l'officier est officier supérieur ou général, le commandement « Fixe » est remplacé par celui « A vos rangs — Fixe ». Au commandement « A vos rangs », les soldats se portent au pied de leur lit ; le commandement « Fixe » est fait lorsqu'ils y sont placés. Les soldats portant le fusil ou ayant le sabre à la main ne se découvrent pas ; ils prennent la position du repos de l'arme. Dans les locaux autres que les chambres les mêmes prescriptions sont exécutées, mais les soldats restent sur place.

Appellations.

Art. 73 (1). Le supérieur parlant à un inférieur l'appelle par son grade, en ajoutant le nom s'il le juge à propos.

L'inférieur parlant à un supérieur l'appelle, si ce supérieur est officier ou adjudant, par son grade précédé du mot « mon »; s'il est assimilé ou employé militaire, par son grade, précédé des mots « monsieur le ». Si le supérieur est d'un grade inférieur à celui d'adjudant, l'inférieur l'appelle par son grade seulement.

Le Ministre de la guerre, le Sous-Secrétaire d'État à la guerre, les maréchaux de France, le grand chancelier de la Légion d'honneur, les gouverneurs militaires de Paris et de Lyon, les gouverneurs des places fortes et les personnels n'ayant aucune assimilation avec les grades de l'armée (contrôleurs de l'admi-

(1) Texte rétabli par le décret du 24 juillet 1912.

nistration de l'armée, ingénieurs des poudres et salpêtres, agents
de la trésorerie et des postes aux armées, etc.), sont désignés
par leur titre précédé des mots « monsieur le ».

Toutes les appellations comportent l'énonciation du grade,
mais non celle de la classe dans ce grade.

Suivant l'arme, les simples soldats sont interpellés par les
mots : *soldat, cavalier, chasseur, canonnier, sapeur, zouave,
tirailleur, légionnaire*, etc.

Devoirs et responsabilités des supérieurs en ce qui concerne la discipline générale.

Art. 74. Les supérieurs de tout grade et de toute fonction
ont le devoir strict de donner l'exemple de la dignité professionnelle, de l'esprit et de l'attitude militaires, de la correction
absolue de la tenue.

Ils doivent relever et signaler les infractions de tout inférieur
aux prescriptions du règlement concernant la tenue en ville,
les formes du salut et autres marques extérieures de respect.
Ces infractions, lorsqu'elles résultent d'une instruction insuffisante ou de prescriptions ou autorisations irrégulièrement
données, engagent la responsabilité des chefs directs des militaires signalés.

Correspondance militaire.

Art. 75. La correspondance militaire ne comporte aucune
formule de politesse ; elle est rédigée sous une forme déférente
d'inférieur à supérieur, et correcte de supérieur à inférieur ;
elle est établie conformément au modèle n° 5 pour les lettres,
au modèle n° 6 pour les rapports et au modèle n° 7 pour les
bordereaux.

Publication d'écrits.

Art. 76 (1). Les officiers peuvent, sous leur signature et sous
leur responsabilité, publier des écrits; il leur est, toutefois, interdit de faire suivre leur signature de l'indication des fonctions
qu'ils exercent ou qu'ils ont précédemment occupées, et d'en
faire mention dans le corps de l'écrit. L'auteur d'un écrit est tenu
d'en adresser un exemplaire ou une copie au chef du corps
auquel il appartient, dès le moment de sa publication. Quelles
que soient la nature et la forme de l'écrit, le chef de corps a

(1) Article modifié par le décret du 14 mai 1912. B. O., p. 735

tout pouvoir d'appréciation et de sanction vis-à-vis de ceux de ses subordonnés dont les écrits seraient jugés, par lui, préjudiciables à la discipline.

Les sous-officiers, caporaux et soldats ne peuvent publier des écrits qu'en conformité des instructions ministérielles à ce sujet.

Introduction de publications ou propagande à la caserne.

Art. 77. Il est interdit aux militaires de tout grade de faire à l'intérieur des casernes toute introduction d'écrits, journaux, publications quelconques, ou toute propagande pouvant nuire à la discipline et pousser à l'abandon des devoirs.

Tables des officiers.

Art. 78 (1). Tous les officiers célibataires, jusqu'au rang de lieutenant inclus, prennent leurs repas en commun, en une ou plusieurs tables; dans ce dernier cas, la répartition est toujours faite par fraction constituée. Le chef de corps peut accorder, à titre exceptionnel et pour des motifs dûment justifiés, des autorisations de ne pas vivre à la table commune. Le lieutenant le plus ancien de chaque table en est le président.

Le lieutenant-colonel est spécialement chargé de la surveillance des tables des lieutenants; il s'assure que la manière de vivre des autres officiers est en rapport avec la dignité professionnelle; il intervient s'il est nécessaire.

Dans les camps, en route et aux manœuvres, tous les officiers vivent à la même table ou par fraction constituée. Dans ce cas, les dépenses sont toujours basées sur le traitement des officiers les moins élevés en grade.

Ces dispositions sont applicables aux officiers de réserve et de l'armée territoriale pendant les périodes d'instruction.

Tables des sous-officiers.

Art. 79. En garnison, les sous-officiers célibataires vivent au mess ou à défaut de mess à la cantine, dans les conditions indiquées à l'article 11 ; les sous-officiers mariés sont autorisés à vivre chez eux.

En route et aux manœuvres, les sous-officiers sont autorisés à tirer leur subsistance de l'ordinaire de la troupe ; les commandants d'unité ou de détachement veillent à ce que les percep-

(1) Nouvelle rédaction. (Décret du 23 juillet 1912.)

tions et les payements qui en sont la conséquence se fassent avec une entière régularité.

Mess et coopératives.

Art. 80. L'organisation et le fonctionnement des mess et coopératives doivent tendre à des installations simples, à des prix modiques, à la bonne qualité des denrées.

Les clauses des statuts doivent exclure la tendance à grossir les bénéfices ainsi que toute mesure susceptible d'entraîner les militaires à des dépenses hors de proportion avec leurs ressources normales.

La vente des boissons à base d'alcool est interdite dans les coopératives.

Cantines.

Art. 81. Les cantiniers pourvus de leur emploi en vertu de la loi sur le recrutement et les cantinières sont nommés dans les conditions fixées par les règlements.

Le colonel veille à ce que les cantiniers et cantinières remplissent leurs diverses obligations et notamment à ce que les cantiniers possèdent le matériel dont ils doivent être pourvus. Il leur fait attribuer les locaux prévus par les règlements.

Les cantines nourrissent les sous-officiers dans les conditions indiquées à l'article 11.

Le colonel peut autoriser certains caporaux ou soldats dans des situations spéciales à vivre temporairement à la cantine ; il détermine les conditions dans lesquelles ces militaires doivent être nourris.

Les tarifs des cantines doivent être approuvés par le colonel. La qualité des denrées et des liquides est contrôlée par les médecins du corps.

Sous aucun prétexte, les cantiniers ne peuvent faire crédit aux militaires ou leur prêter de l'argent.

La vente des boissons à base d'alcool est rigoureusement interdite dans les cantines.

Il est formellement interdit aux cantiniers de soumissionner des fournitures quelconques mises en adjudication.

Le colonel donne les prescriptions qu'il juge utiles pour la surveillance et la police des cantines.

Lorsque les cantiniers ou cantinières contreviennent à leurs obligations ou encore en cas d'inconduite notoire, le colonel leur applique les sanctions indiquées au titre VII du règlement.

Officiers malades.

Art. 82. Lorsqu'un officier interrompt son service pour cause de maladie, il prévient son chef direct qui en rend compte au colonel ; il prévient également le médecin chef.

Gradés malades logeant en ville.

Art. 83. Les gradés logeant en ville qui interrompent leur service pour cause de maladie préviennent leur chef direct. Lorsqu'ils ne sont pas en état de se rendre à la visite médicale à la caserne, ils préviennent le médecin chef.

CHAPITRE X.
Règles relatives à l'emploi du personnel.

Employés du service armé.

Art. 84. Les militaires du service armé affectés à des emplois interrompant l'instruction, autres que ceux prévus par les règlements administratifs, doivent alterner par périodes n'excédant pas un mois. Lorsqu'une dérogation à cette règle est d'absolue nécessité, il est adressé un rapport spécial au général de brigade. Le général commandant le corps d'armée se fait rendre compte des autorisations accordées dans ces conditions.

A tous les échelons du commandement, les chefs doivent s'appliquer à réduire au strict nécessaire l'effectif des militaires du service armé employés hors du rang.

Employés du service auxiliaire.

Art. 85. En principe, les emplois ne répondant qu'à des besoins du temps de paix sont attribués aux militaires du service auxiliaire. Il n'est fait appel aux militaires du service armé que dans deux cas : lorsque l'emploi ne peut être tenu que par un gradé et lorsque les militaires du service auxiliaire mis à la disposition du corps ne possèdent pas l'aptitude nécessaire.

Les militaires du service auxiliaire peuvent être placés complètement sous les ordres des chefs de service qui les emploient; ces chefs de service deviennent, dans ce cas, entièrement responsables de leur instruction, de leur discipline, de leur conduite et de leur tenue.

Travailleurs.

Art. 86. En dehors de son service normal, tout militaire est tenu d'accomplir, pour le service de l'armée ou pour celui de l'Etat, les travaux qui lui sont commandés, notamment ceux de la profession qu'il exerçait avant son incorporation. Il ne lui est dû de rétribution pour ces travaux que celles expressément prévues par les règlements ou par des décisions ministérielles spéciales.

Secrétaires.

Art. 87. Les travaux d'écritures et le nombre des soldats secrétaires qui y sont employés doivent être réduits au strict nécessaire. Les chefs de corps veillent à ce que, dans les unités ou les services, il ne soit pas réclamé ou fourni d'autres pièces que celles prescrites par les règlements. Pour la reproduction des ordres, décisions ou autres documents à distribuer en plusieurs exemplaires, il est fait usage de presses, machines à écrire, autocopistes, etc.

Communications, plantons.

Art. 88. Les communications en dehors du régiment sont faites de préférence par la poste, le télégraphe ou le téléphone ; lorsque ces moyens ne peuvent être employés, elles sont assurées par des cyclistes et, en dernier lieu, par des plantons à cheval ou à pied.

Le nombre des plantons est aussi réduit que possible. Il n'est affecté de planton en permanence qu'au colonel, au major, au commandant de service, à l'officier trésorier et à l'officier d'habillement.

Soldats ordonnances.

Art. 89. Les officiers sont autorisés à employer chacun un soldat pour leur service personnel et le pansage de leurs chevaux. Les officiers supérieurs ou généraux possesseurs de trois chevaux réglementaires sont autorisés à employer deux soldats.

Ces soldats, désignés par le colonel, sont choisis parmi ceux du service armé ou du service auxiliaire, suivant la nature des fonctions de l'officier ; ceux du service armé doivent avoir au moins huit mois de service.

Le service personnel des soldats ordonnances, analogue à celui que ces militaires fourniraient en campagne, fait l'objet d'instructions ministérielles spéciales.

Le colonel fixe la participation des soldats ordonnances à l'instruction, en prenant pour règle que ceux appartenant au service armé doivent assister, au moins une fois par semaine, à un exercice principal, exécuter leurs tirs et être toujours maintenus en état de faire campagne.

Lorsque les chevaux qu'ils soignent sont logés à la caserne, les soldats ordonnances mangent à l'ordinaire de leur unité et couchent à la caserne ; lorsque ces chevaux sont logés en ville, les soldats ordonnances peuvent être autorisés à y loger également et à toucher leur prêt franc.

En tout temps, les soldats ordonnances portent la tenue militaire.

Leur salaire mensuel est fixé à 4 francs par cheval, plus 5 francs pour le service personnel de l'officier qui les emploie.

CHAPITRE XI.
Chevaux et écuries.

Remonte des officiers.

Art. 90. Dans les corps montés (cavalerie, artillerie, train des équipages militaires, compagnies de sapeurs conducteurs), les officiers et assimilés exercent leur choix sur la totalité des chevaux disponibles du corps, à l'exclusion des chevaux affectés aux sous-officiers rengagés et des chevaux réservés pour la remonte des officiers étrangers au corps. Ils les présentent au colonel qui statue ; le colonel statue également sur les demandes de réintégration des chevaux des officiers du régiment.

Dans les corps non montés, la remonte des officiers et assimilés s'effectue conformément aux règlements spéciaux à ce sujet.

Logement des chevaux.

Art. 91. A moins de prescriptions particulières de l'autorité supérieure, les écuries comprises dans l'assiette du casernement du régiment sont réservées aux chevaux du régiment ; la répartition en est faite par le colonel entre les groupes et par les commandants de groupe entre les unités.

En principe, les chevaux des officiers et assimilés montés à un titre quelconque, sont logés dans les écuries des bâtiments militaires.

Les officiers et assimilés peuvent être autorisés à loger leurs chevaux en ville, à leurs frais, lorsqu'un vétérinaire a vérifié que l'écurie présente des garanties sanitaires suffisantes et qu'il en a rendu compte.

Surveillance des écuries.

Art. 92. Le service de surveillance des écuries est assuré conformément aux principes énoncés à l'article 1, par des consignes appropriées aux circonstances et aux climats.

Ces consignes visent la désignation et les devoirs généraux du personnel de service, les soins à donner aux animaux, l'alimentation et l'abreuvement, la prise en charge des ustensiles et du matériel, l'hygiène et la propreté des écuries, magasins et autres locaux accessoires, les mesures à prendre de jour ou de nuit en cas d'accident, les conditions d'admission des animaux étrangers et de sortie des autres, l'interdiction d'entrer dans les écuries avec du feu ou d'y fumer, etc.

Ces consignes engagent la responsabilité des chefs qui les établissent.

Responsabilité des officiers.

Art. 93. Les officiers doivent surveiller l'alimentation et l'entretien des chevaux qu'ils détiennent à titre gratuit.

Il leur est interdit d'atteler ces chevaux. Tout accident dû, soit à leur négligence, soit à un emploi déraisonnable ou irrégulier de leur monture, engage disciplinairement et, le cas échéant, pécuniairement, leur responsabilité.

TITRE V.
Les services.

CHAPITRE XII.
Service général du corps.

Définition du service général.

Art. 94. Le service général a pour objets principaux :

1° De fournir les gardes, piquets, détachements, travailleurs et hommes de service nécessaires pour les besoins généraux du corps ou commandés par la place ;

2° D'assurer la police générale et le maintien de l'ordre dans la caserne ;

3° De faire effectuer les distributions des denrées autres que celles de l'ordinaire ;

4° De recevoir et de remettre au colonel tous documents tels que situations-rapports, demandes, comptes rendus, que lui adressent les commandants de groupe et les chefs de service, ainsi que tous ceux qui parviennent de l'extérieur ; de transmettre ou de communiquer aux échelons subordonnés les ordres du colonel.

Le rôle du service général défini par le précédent alinéa est uniquement transmissif et ne comporte aucune intervention dans le service particulier des groupes et des unités ;

5° D'assurer, selon les instructions du colonel, l'exécution des ordres inopinés dont la notification arrive directement à la caserne.

Principes d'exécution du service général.

Art. 95. Le colonel a la direction d'ensemble du service général et la responsabilité de son exécution. Il le règle de façon à interrompre le moins possible l'instruction du personnel qui y est employé ; il détermine l'effectif de ce personnel suivant les circonstances et les besoins, en le réduisant toujours au strict nécessaire.

Il assure les services extérieurs conformément aux ordres de la place ou des autres autorités.

Le service général est fourni d'après les principes suivants :

Les divers groupes en sont chargés à tour de rôle, soit pendant une semaine, soit pendant une période moindre, soit par jour, suivant les nécessités du moment ou les besoins de l'instruction.

Le groupe qui fournit le service général est dénommé : *groupe de service.*

Lorsque le personnel d'une unité suffit pour assurer le service général, les unités du groupe de service fournissent ce service à tour de rôle et par jour.

Lorsqu'une unité ne suffit pas, le complément de personnel nécessaire est tiré des autres unités du groupe.

Lorsque l'effectif du groupe de service est insuffisant pour assurer le service général, il est fait appel au groupe qui suit d'après le tour fixé.

Rôle du lieutenant-colonel.

Art. 96. D'après les instructions du colonel, le lieutenant-colonel veille à la marche régulière du service général et à la succession normale des jours de service. Il peut être chargé de commander le service général lorsqu'il est nécessaire, pour l'assurer, de recourir à un nombre d'unités dépassant l'effectif d'un groupe.

Rôle du commandant de service.

Art. 97. Le chef du groupe de service est dénommé *commandant de service*.

Le commandant de service est responsable envers le colonel. Il assure et surveille lui-même les parties essentielles du service, en faisant observer strictement le principe de l'exécution par des fractions constituées, placées sous les ordres de leurs chefs habituels.

Il remet au colonel, à l'heure que celui-ci a fixée, les situations-rapports des unités transmises par les commandants de groupe ; il lui rend compte des événements des vingt-quatre heures survenus dans l'exécution du service général, reçoit ses ordres et décisions, en fait faire le tirage et les fait distribuer.

En principe, le commandant de service adresse aux commandants de groupe toutes les communications relatives au service. Dans les cas urgents, il fait faire des communications directes aux unités par l'intermédiaire d'un gradé de ces unités, désigné comme agent de liaison.

Fractions constituées désignées pour le service général.

Art. 98. Le chef d'une fraction constituée désignée pour le service général est responsable de la discipline et de la tenue de sa troupe pour le service qu'elle a à fournir, soit à l'intérieur, soit à l'extérieur de la caserne.

Locaux affectés au personnel de service.

Art. 99. Le service général dispose des locaux spéciaux prévus par le règlement sur le service du casernement. L'un de ces locaux, où se font les communications relatives au service, est dénommé : *salle de service*.

CHAPITRE XIII.

Service particulier du groupe.

Exécution du service.

Art. 100. Le commandant assure, suivant les instructions d'ensemble du colonel et d'après les principes prescrits pour le service général, le service particulier que son groupe peut avoir à fournir ; il en concilie les besoins avec les nécessités de l'instruction et celles du service général du corps.

CHAPITRE XIV.

Service particulier de l'unité.

Organisation et exécution du service.

Art. 101. Le capitaine règle le service particulier de son unité suivant les instructions d'ensemble du commandant de groupe et en maintenant, conformément à l'article 97, sa liaison avec le service général du régiment.

Il répartit les charges du service particulier de l'unité entre ses officiers et gradés, en fixant nettement les responsabilités de chacun. Le personnel qu'il emploie au service particulier de l'unité comprend deux *gradés de service*, dont l'un est agent de liaison avec le service général ; ces deux gradés couchent obligatoirement à la caserne.

Le capitaine peut donner à ses gradés, suivant leurs aptitudes et sous la condition que leur instruction militaire n'en souffre pas, des attributions permanentes (distributions, remise des lettres, blanchissage, etc.) ou périodiques (liaison avec le service général, rassemblements, appels, corvées, etc.).

Dans les armes montées, le service particulier de l'unité, comprenant la prise en consigne et les distributions des fourrages, la surveillance des écuries et des abreuvoirs, etc., est assuré par un officier ou adjudant et par deux *gradés de service*, dont l'un est agent de liaison avec le service général. Un roulement est établi à cet effet. Les deux gradés de service couchent obligatoirement à la caserne.

CHAPITRE XV.

Service des gardes et piquets. — Police générale de la caserne.

Gardes, corvées, piquets, détachements.

Art. 102. Les gardes, corvées, piquets et détachements né+ cessaires pour les besoins généraux du corps, ou commandés par la place, sont fournis par le commandant de service, dans les conditions fixées au chapitre XII.

Le commandant de service procède au rassemblement des détachements, lorsque plusieurs unités sont appelées à les constituer. Dans les autres cas, il se fait suppléer, soit par le commandant de l'unité ou fraction désignée de service, soit par son officier adjoint.

Police générale et propreté de la caserne et de ses abords.

Art. 103 (1). La police générale de la caserne est assurée par le commandant de service, secondé par l'officier adjoint. Elle comprend la police des locaux disciplinaires et des cantines, l'inspection des sorties ou rentrées des militaires et l'inspection de leur tenue au moment de ces sorties ou rentrées. Elle comprend également : l'exécution des consignes données au sujet de l'admission des étrangers à la caserne, de l'entrée ou de la sortie des colis ou paquets divers, de la garde des parcs ou magasins contenant du matériel, de l'enlèvement des fumiers et eaux grasses, de l'interdiction de vendre des journaux à l'intérieur de la caserne, de l'interdiction d'y laisser pénétrer les chiens ; enfin, elle impose, suivant les circonstances, au personnel de service l'initiative et l'exécution de toute mesure nécessaire pour maintenir le bon ordre.

Le commandant de service fait en outre assurer la surveillance, la propreté et l'entretien des cours et abords de la caserne, des pistes, gymnases, séchoirs et, en général, de tous les locaux communs à l'ensemble des unités du régiment.

Un poste réduit au strict nécessaire est établi à la porte d'entrée de la caserne ; une consigne permanente approuvée par le colonel et, suivant les circonstances, des consignes verbales

(1) Article modifié par le décret du 14 mai 1912. *B. O.*, p. 811.

donnécs par le commandant de service fixent les devoirs du chef de poste et lui donnent les indications nécessaires pour assurer l'exécution des services dont il est chargé.

Pendant la nuit, la surveillance et la police de la caserne sont assurées par un officier de service qui couche au quartier.

Cet officier relève du commandant de service; il a sous ses ordres un sous-officier adjoint. Il fait prendre toutes les mesures qui lui paraissent imposées par les circonstances. Il prescrit l'exécution immédiate des punitions, lorsque la discipline et le maintien de l'ordre l'exigent.

Tous les officiers subalternes, à l'exception des comptables, concourent à assurer le service de nuit; ils sont désignés, à cet effet, à tour de rôle, soit par jour, soit par semaine. L'heure de la prise du service est réglée par le chef de corps, de manière qu'il y ait toujours un officier à la caserne.

Dans les casernements où sont logés plusieurs corps ou fractions de corps, le service de nuit peut être assuré par un seul officier assisté d'un seul sous-officier adjoint. Dans les casernements où les effectifs sont, au plus, égaux à 4 compagnies, 3 batteries ou 2 escadrons, l'officier de service, pendant la nuit, est remplacé par un sous-officier qui n'a pas de gradé adjoint.

Appels.

Art. 104. Le colonel peut charger le commandant de service de recevoir l'appel du soir et de faire faire des contre-appels et des rondes dans le casernement.

Les appels du matin sont reçus dans les unités.

CHAPITRE XVI.
Service médical.

Objet du service.

Art. 105. Le service médical est organisé pour traiter au régiment les militaires atteints d'affections dont la gravité n'exige pas l'envoi à l'hôpital et ceux sortant des hôpitaux auxquels un changement brusque de régime serait préjudiciable.

Le médecin chef de service dirige et surveille, sous l'autorité du colonel et suivant les principes généraux indiqués au titre Ier, le service et la police de l'infirmerie régimentaire, ainsi que des salles de convalescents et de malades à la chambre lorsque ces divers locaux sont annexés à l'infirmerie.

Il exerce, conformément à l'article 188, les pouvoirs disciplinaires à l'égard du personnel permanent employé dans son service.

Il participe, dans les conditions indiquées au titre Ier, à la surveillance générale de l'hygiène et de l'alimentation de la troupe.

Gradé et infirmiers employés à l'infirmerie régimentaire.

Art. 106. Un sous-officier désigné par le chef de corps est chargé, sous les ordres et la responsabilité du médecin chef de service, d'assurer la police et la propreté des locaux de l'infirmerie régimentaire. Il couche à l'infirmerie ; il a pour auxiliaires les infirmiers régimentaires.

De jour et de nuit, un infirmier au moins est présent à l'infirmerie.

Dans les détachements pourvus d'une infirmerie, un caporal est désigné pour le service de l'infirmerie ; il est secondé par des infirmiers.

Recrutement et instruction des infirmiers et brancardiers.

Art. 107. Le médecin chef de service assure, en faisant au besoin les demandes nécessaires, l'exécution des prescriptions du règlement sur le service de santé à l'intérieur concernant l'effectif, le recrutement et l'instruction des infirmiers et brancardiers régimentaires.

Visite journalière des malades au quartier.

Art. 108. La visite des malades a lieu tous les matins, à l'heure fixée par le colonel sur la proposition du médecin chef de service.

Un gradé de chaque unité, porteur du cahier de visite (modèle n° 8), conduit à la salle de visite les hommes malades et ceux qui doivent être présentés au médecin conformément à l'article 112. Les hommes qui ne peuvent pas se lever sont transportés à l'infirmerie.

En temps d'épidémie ou lorsque le nombre des malades est élevé, le colonel, sur la proposition du médecin chef de service, prescrit des mesures spéciales pour l'installation et la surveillance des malades dans les locaux aménagés à cet effet.

Le médecin mentionne sur le cahier de visite, en regard du nom des hommes, ceux qui doivent entrer à l'hôpital, à l'infirmerie ou à la salle des convalescents. Ceux qui sont admis au régime spécial ou qui cessent d'y être soumis, ceux qui sont reconnus malades à la chambre et le nombre des jours d'exemption totale ou partielle de service qui leur sont accordés, enfin ceux qui n'ont pas été reconnus malades. Il y joint tous les renseignements de nature à éclairer le commandant d'unité.

Lorsqu'il juge qu'un homme, quoique non reconnu malade, était fondé à demander à passer la visite, il l'indique sur le cahier de visite par la mention « consultation ».

Lorsque l'état réel de santé d'un homme qui se présente à la visite lui inspire des doutes, le médecin met cet homme en observation jusqu'à ce qu'il lui soit possible de décider s'il y a maladie, simple malaise ou simulation.

Conseils médicaux.

Art. 109. Lorsque les exigences du service ne s'y opposent pas, le colonel peut, sur la proposition du médecin chef de service, fixer les jours et heures auxquels les hommes sont autorisés à demander des conseils médicaux sans se faire inscrire sur le cahier de visite de leur unité.

Billets d'hôpital.

Art. 110. Les billets des hommes entrant à l'hôpital sont signés par le médecin chef de service et, en cas d'urgence, par le médecin qui a passé la visite ; celui-ci rend compte à son chef de service.

Visite générale mensuelle. — Pesée.

Art. 111. Tous les mois, afin de constater l'état général de santé des militaires du régiment et, le cas échéant, de reconnaître les symptômes de maladies contagieuses, le médecin chef de service passe lui-même ou fait passer par un de ses subordonnés une visite individuelle de tous les sous-officiers non rengagés, caporaux et soldats. Chaque homme est examiné séparément et isolément ; la visite porte sur l'organisme entier.

La pesée périodique et l'examen trimestriel des dents ont lieu au cours d'une de ces visites.

Visite des hommes arrivant au corps, quittant le corps et des hommes proposés pour certains emplois.

Art. 112. Les hommes du contingent annuel, les engagés volontaires arrivant au corps, les hommes venant d'un autre corps et ceux qui rentrent des hôpitaux sont présentés à la visite du médecin chef de service.

Les réservistes et territoriaux convoqués pour une période d'exercice sont présentés également au médecin chef de service pour les opérations de vaccine et, simultanément, pour l'examen de leur état général.

Les hommes partant en congé ou permission et ceux qui en rentrent sont visités par le médecin, conformément aux instructions que le colonel donne à cet effet : ceux qui, à la visite de départ, présentent les symptômes d'une affection, même légère et non contagieuse, sont retenus au régiment jusqu'à guérison complète.

Le médecin chef de service donne son avis sur la désignation des hommes proposés pour certains emplois comportant des aptitudes spéciales, tels que : clairons, trompettes, musiciens, cyclistes, télégraphistes, signaleurs, élèves prévôts, etc.

Lorsque les visites médicales doivent porter sur un effectif nombreux, les médecins prennent les mesures nécessaires pour éviter des stationnements trop prolongés aux hommes à examiner.

Visite des officiers malades.

Art. 113. Le médecin chef de service visite les officiers malades, sur l'avis que ceux-ci doivent lui faire parvenir en exécution de l'article 82. Il rend compte au colonel de la gravité et de la durée probable de la maladie.

Lorsque, dans l'intérêt du service, le colonel juge nécessaire de savoir si l'indisponibilité d'un officier est de nature à diminuer son aptitude à ses fonctions, il prescrit au médecin d'établir un certificat médical qui lui est remis personnellement ou adressé sous pli confidentiel.

Visite des gradés logeant en ville.

Art. 114. Le médecin chef de service visite ou fait visiter

les gradés malades logeant en ville, sur l'avis que ceux-ci doivent lui faire parvenir conformément aux prescriptions de l'article 83, lorsqu'ils ne peuvent pas se rendre à la visite à la caserne. Il est fait application à ces gradés des dispositions de l'article 108 relatives aux inscriptions sur les cahiers de visite.

Envoi des officiers à l'hôpital.

Art. 115. Les officiers malades sont autorisés à se faire soigner chez eux ; toutefois, sur l'avis du médecin ou dans l'intérêt du service, le colonel peut prescrire leur entrée à l'hôpital.

Envoi des gradés logeant en ville à l'hôpital ou à l'infirmerie régimentaire.

Art. 116. Dans les circonstances indiquées à l'article précédent, le colonel prescrit l'entrée à l'hôpital ou à l'infirmerie régimentaire des gradés malades logeant en ville.

Visite aux hôpitaux.

Art. 117. Le médecin chef de service visite, au moins une fois par semaine, les malades du régiment en traitement aux hôpitaux et rend compte sur son rapport du lendemain du résultat de cette visite.

Il accompagne le colonel dans les visites que celui-ci fait aux malades en traitement à l'hôpital ou à l'infirmerie régimentaire.

Médecin de service.

Art. 118. Lorsque l'effectif comprend plusieurs médecins, l'un d'eux, dit *médecin de service*, est tenu à un service individuel de vingt-quatre heures pour la durée duquel il doit faire connaître où il pourra être promptement trouvé en cas d'accident, de jour ou de nuit ; son nom, son adresse et tous autres renseignements nécessaires doivent être affichés à l'infirmerie et au poste de police.

Lorsque l'effectif ne comprend qu'un seul médecin, celui-ci propose au colonel, qui statue, les dispositions nécessaires pour assurer ce service.

Participation des médecins aux exercices et marches du régiment.

Art. 119. Le médecin chef de service désigne, d'après les ordres du colonel, les médecins qui doivent assister aux tirs, baignades, marches et manœuvres du régiment ; il veille à ce que ces médecins soient pourvus du matériel nécessaire.

Participation des médecins aux exercices communs à plusieurs corps.

Art. 120. Pour les exercices ou manœuvres auxquels participent plusieurs corps de troupe de la garnison, le colonel adresse les demandes nécessaires au commandant d'armes lorsque le personnel médical du corps, disponible pour ces exercices ou manœuvres, se trouve insuffisant.

CHAPITRE XVII.
Service vétérinaire.

Objet du service.

Art. 121. Le service vétérinaire est organisé en vue de maintenir en bonne condition les chevaux du régiment et de leur assurer tous les soins nécessaires.

Le vétérinaire chef de service dirige et surveille, sous l'autorité du colonel et suivant les principes généraux indiqués au titre Ier, le service et la police de l'infirmerie vétérinaire.

Il dirige et surveille, dans les mêmes conditions, l'atelier de maréchalerie et est responsable, envers le colonel, de l'instruction théorique et pratique des maréchaux, ainsi que de la confection et de l'application de la ferrure.

Il participe, dans les conditions indiquées au titre Ier, à la surveillance générale de l'hygiène des chevaux et à la réception des animaux et viandes de boucherie destinés à la troupe.

Sous-officier chargé de l'infirmerie vétérinaire.

Art. 122. Un sous-officier est chargé, sous les ordres et la responsabilité du vétérinaire chef de service, d'assurer la police et la propreté des locaux de l'infirmerie vétérinaire ; un homme, autant que possible du service auxiliaire, lui est adjoint et le seconde dans la tenue des écritures.

Le service des écuries et dépendances de l'infirmerie est exécuté par des hommes prélevés dans les unités, en dehors des maréchaux ferrants ; le colonel fixe aux commandants de groupe le nombre des hommes que leur groupe doit fournir ; il est établi un roulement pour rendre périodiquement ces hommes à l'instruction.

Les maîtres maréchaux et les maréchaux ferrants concourent comme infirmiers aux soins que nécessitent les chevaux en traitement.

Visite journalière des chevaux.

Art. 123. La visite des chevaux malades et blessés a lieu tous les jours, à l'heure fixée par le colonel, sur la proposition du vétérinaire chef de service.

Un gradé de chaque unité, porteur du cahier de visite (modèle n° 9), fait conduire à l'infirmerie les chevaux malades et ceux qui, quoique disponibles, sont encore en cours de traitement. Le vétérinaire désigne, sur le cahier de visite, les chevaux qui doivent entrer à l'infirmerie ou sont indisponibles ; il y inscrit, en outre, toutes les observations qui peuvent intéresser le commandant d'unité.

Visite sanitaire.

Art. 124. Au moins une fois par semaine, une visite sanitaire de tous les chevaux du régiment est passée par les vétérinaires, sous la responsabilité du chef de service ; le colonel fixe le jour et l'heure de cette visite et s'en fait rendre compte.

Visite des chevaux arrivant au corps ou rentrant de détachement.

Art. 125. Le vétérinaire chef de service visite les chevaux arrivant au corps à un titre quelconque, y compris ceux qui rentrent de détachement. Il établit le récépissé constatant l'état des chevaux provenant des établissements de remonte et rectifie les signalements s'il y a lieu.

Réforme des chevaux, changements de catégorie ou d'arme, tonte, bains, régime du vert, marquage.

Art. 126. Le vétérinaire chef de service donne son avis par écrit sur les états de proposition pour la réforme et les changements de catégorie ou d'arme, sur les propositions relatives à la tonte, sur l'opportunité des bains et du régime du vert. La tonte et le marquage sont pratiqués à l'infirmerie ou à la forge, sous sa direction.

Maladies contagieuses.

Art. 127. Les vétérinaires doivent se préoccuper tout spécialement de prévenir l'éclosion et la propagation des maladies contagieuses.

Lorsqu'un cheval en est reconnu atteint ou suspect, le vétérinaire chef de service prend ou provoque les mesures qu'il juge nécessaires pour éviter la contamination ; il se conforme aux prescriptions réglementaires concernant l'inspection des animaux, locaux, harnachements, fourrages et abreuvoirs.

Les animaux isolés par application des dispositions ci-dessus doivent rester en observation tant que les motifs de suspicion n'ont pas disparu. Les places qu'ils occupaient aux écuries ainsi que celles de leurs voisins sont barrées et immédiatement désinfectées, sous la surveillance du service vétérinaire.

Le directeur du ressort vétérinaire est tenu au courant par un compte rendu décadaire sommaire que lui adresse directement le vétérinaire chef de service, jusqu'à ce que la situation sanitaire soit redevenue entièrement satisfaisante.

Chevaux morveux, farcineux ou suspects. — Désinfections.

Art. 128. Pour les mesures à prendre à l'égard des chevaux atteints de morve, de farcin, ou suspects de ces maladies, ainsi que pour les désinfections, les vétérinaires se conforment aux instructions spéciales en vigueur.

Les hommes de service aux écuries ne doivent jamais coucher dans les écuries des animaux atteints ou même seulement suspects de morve. On ne désigne jamais, pour panser ces chevaux, des hommes ayant des plaies aux mains ou au visage ; le vétérinaire tient du savon et une solution antiseptique à la disposition de ceux qui sont employés à ce service ; il veille à ce qu'après chaque pansage ces hommes se lavent les mains et le visage.

Abatage des chevaux.

Art. 129. Toutes les fois que, pour un motif quelconque, le vétérinaire chef de service juge qu'un cheval doit être abattu, il en fait la proposition au chef de corps ou de détachement ; celui-ci provoque sans retard la réunion de la *commission d'aba-*

tage dont la composition et le fonctionnement sont réglementés par des instructions ministérielles spéciales.

Par exception, le vétérinaire fait procéder sans délai à l'abatage des chevaux atteints de fracture ou d'hydrophobie. Dans ce cas, la commission se réunit aussitôt que possible après l'abatage, pour en contrôler l'opportunité.

L'abatage peut avoir lieu à l'abattoir municipal, afin de permettre aux corps la livraison sur pied des chevaux propres à la boucherie.

Lorsqu'un cheval, malade ou blessé pendant les marches ou manœuvres, a été laissé en dépôt dans une localité ne possédant pas de garnison de troupes à cheval et que l'aggravation de son état le rend susceptible d'être abattu, un vétérinaire militaire désigné dans la garnison la plus proche est envoyé sur place avec mission de visiter l'animal. Dans le cas où il reconnaît l'abatage nécessaire, il y fait procéder lui-même, sans qu'au préalable ou ultérieurement la commission d'abatage soit réunie ou consultée ; il rend compte à l'autorité qui l'a désigné.

Constatation de la mort des chevaux, autopsies.

Art. 130. Le vétérinaire chef de service constate la mort des chevaux, en indique la cause, identifie le cadavre et procède à l'autopsie. Il signe le procès-verbal de mort ou d'abatage et établit le rapport d'autopsie dont la production est prescrite par des instructions spéciales. Lorsque l'autopsie ne peut être faite, le rapport indique les motifs qui ont empêché d'y procéder.

L'autopsie des chevaux morts ou abattus à la suite de maladies contagieuses doit être pratiquée dans les clos d'équarrissage ou aux lieux désignés par les autorités locales.

CHAPITRE XVIII.
Service des distributions.

1° PRESCRIPTIONS GÉNÉRALES.

Organisation et surveillance du service des officiers de distribution.

Art. 131. Avant d'être livrées aux parties prenantes, toutes les denrées fournies par l'administration et destinées aux hommes et aux chevaux sont reconnues, sous le rapport de la qualité et du poids, par un capitaine dénommé *capitaine aux distributions*. Cet officier est désigné dans le groupe de service et placé sous le contrôle du commandant de service ; il doit être présent depuis le début de la distribution jusqu'à son achèvement.

Connaissances à exiger des officiers de distribution.

Art. 132. Les officiers appelés à être de service aux distributions doivent pouvoir apprécier aussi exactement que possible la qualité des denrées. Le colonel leur fait faire à cet effet, par le médecin et le vétérinaire chefs de service, quelques conférences sur les caractères distinctifs des bonnes et mauvaises denrées.

2° EXÉCUTION DU SERVICE.

Examen des denrées.

Art. 133. L'officier chargé de recevoir une distribution est porteur d'un bon sur lequel sont mentionnées, distinctement par unité s'il y a lieu, les quantités à percevoir. Il remet le bon, avant la distribution, à l'officier d'administration gestionnaire chargé du service ou à l'entrepreneur, suivant le cas. Lorsque la répartition de la quantité totale à percevoir n'a pas été faite par le trésorier, il l'établit lui-même, s'il le juge nécessaire.

L'officier de distribution examine les denrées préparées pour la distribution et vérifie qu'elles possèdent les qualités requises. Il provoque toutes les explications nécessaires pour établir son opinion.

Il s'assure que les instruments de pesage et les poids et mesures sont poinçonnés réglementairement ; il vérifie la justesse des instruments de pesage.

Toutes les indications de détail susceptibles d'aider les officiers de distribution à remplir exactement leur mission, y compris un résumé des dispositions légales et réglementaires relatives à la répression des fraudes, sont réunies dans une instruction pratique établie par les soins du service de l'intendance et placée en tête du registre de visite mentionné à l'article 134.

L'officier de distribution peut, lorsqu'il le juge utile, exiger la présentation des cahiers des charges imposées aux entrepreneurs.

Art. 134. Avant de faire commencer la distribution, l'officier chargé de la recevoir est tenu d'inscrire, sur un registre ouvert à cet effet dans chaque magasin, son avis ou ses observations sur la qualité des denrées. L'avis que les denrées sont mauvaises ou médiocres entraîne pour lui l'obligation de les refuser. Pendant le cours et même à la fin de la distribution, il peut consigner sur le registre un avis supplémentaire.

Lorsqu'il refuse les denrées, l'officier de distribution fait aussitôt prévenir le commandant d'armes, le colonel et le sous-intendant militaire. Le commandant d'armes convoque d'urgence la *commission des distributions de la garnison*, chargée de juger les contestations. La composition et le fonctionnement de cette commission font l'objet d'une réglementation spéciale.

Perception et enlèvement des denrées.

Art. 135. L'officier de distribution ne permet aux détachements de corvée de pénétrer dans les magasins et de procéder à la perception et à l'enlèvement des denrées que lorsqu'il a vérifié les qualités et les poids.

Indépendamment de ces premières constatations, il peut, pendant toute la durée de la distribution, procéder à toute autre vérification de qualité et de poids qu'il juge nécessaire.

Les gradés désignés pour procéder à la perception des denrées vérifient leur compte de rations avec le suppléant de l'officier gestionnaire ou le préposé de l'entrepreneur ; ils sont responsables des erreurs qu'ils commettent.

L'officier de distribution surveille attentivement les opérations d'enlèvement, y compris les pesées supplémentaires auxquelles elles peuvent donner lieu ; lorsqu'il soupçonne une erreur ou une fraude, il procède aux vérifications nécessaires ; il suspend tout enlèvement lorsqu'il juge cette mesure utile pour faciliter les vérifications ; de même, lorsqu'au cours de l'enlèvement il reconnaît que les denrées ne sont pas acceptables, il arrête la distribution ; néanmoins, les denrées déjà sorties des magasins

restent acquises à la partie prenante dans les conditions indiquées à l'article 136.

Denrées sorties des magasins.

Art. 136. Lorsqu'une denrée reçue en distribution a été enle-
vée du magasin, elle ne peut y être rapportée pour être changée,
ni faire l'objet d'aucune réclamation, soit au sujet de sa qualité,
soit au sujet de l'exactitude des pesées et du mesurage.

Il est fait exception à cette règle pour les conserves de viande
ou de légumes. Lorsque ces denrées sont reconnues avariées
au moment de l'ouverture du récipient, elles sont rapportées au
magasin pour y être échangées dans les conditions fixées par
l'instruction annexée au règlement sur la gestion des ordinaires.

Les balles de foin pressé et les balles de paille pressée reconnues avariées au moment de la mise en consommation sont également remplacées, sous la réserve qu'elles soient rapportées au
magasin à fourrages dans le courant de la période pour laquelle
elles ont été distribuées.

Dans les circonstances visées par les deux alinéas ci-dessus,
la commission des distributions de la garnison statue lorsque
le livrancier refuse de reprendre les denrées qui lui sont rapportées.

Denrées avariées ou détruites par cas de force majeure.

Art. 137. Lorsque les rations distribuées sont avariées ou dé-
truites dans les magasins du régiment ou dans les camps par
un événement de force majeure, une distribution extraordinaire
est faite en remplacement de ces rations. Un procès-verbal rela-
tant les causes de la perte ou de l'avarie tient lieu de bon de distribution, sauf imputation à qui de droit.

Recherche et constatation des fraudes.

Art. 138. Le droit et le devoir de constater les infractions à
la loi sur la répression des fraudes, en ce qui touche les denrées
servant à l'alimentation des hommes et des chevaux, incombent, dans les corps de troupe, aux médecins et vétérinaires militaires, aux officiers de distribution et aux officiers d'approvisionnement.

Dans le cas où il y a présomption de fraude sur la qualité, l'officier, le médecin où vétérinaire militaire qui a examiné la denrée soupçonnée est tenu de procéder à des prélèvements, en se conformant aux règles fixées, en vue d'établir la fraude et d'assurer l'efficacité des poursuites.

Règlement des litiges.

Art. 139. Les contestations qui peuvent s'élever entre les parties prenantes d'une part, et l'officier d'administration gestionnaire du service ou l'entrepreneur d'autre part, au sujet des distributions autres que celles de l'ordinaire, sont soumises à la commission des distributions de la garnison.

CHAPITRE XIX.
Service de l'officier trésorier.

Attributions et responsabilités.

Art. 140. Les attributions et responsabilités de l'officier trésorier sont déterminées par des règlements spéciaux.

L'officier trésorier est chargé des écritures relatives à la comptabilité en deniers du corps et rédige la correspondance administrative, à l'exception de celle relative au service de l'officier d'habillement.

Il est l'archiviste du corps.

Il fait les recettes, les payements et établit les bons de distributions dans les conditions prescrites par les règlements.

Un officier ou un adjudant, suivant les armes, lui est adjoint pour le seconder dans son service.

L'adjoint au trésorier reste toujours sous la direction du trésorier, qu'il soit ou non dans la même garnison.

En cas d'absence ou d'indisponibilité, le trésorier est remplacé par l'*officier* adjoint, ou par un officier désigné par le colonel sur la proposition du major.

Le trésorier dispose de gradés et de soldats secrétaires dont le nombre est fixé par les règlements et qui comptent, en principe, à l'unité hors rang.

A moins d'insuffisance ou de défaut d'appropriation des locaux, le trésorier a son bureau à la caserne.

CHAPITRE XX.
Service de l'officier d'habillement.

Attributions et responsabilités.

Art. 141 (1). Les attributions et responsabilités de l'officier d'habillement sont déterminées par des règlements spéciaux.

Il est chargé, sauf les exceptions prévues par les règlements, du service du matériel appartenant à l'Etat et au corps et de la surveillance des écritures des officiers chargés de services du matériel.

Il rédige la correspondance administrative pour tout ce qui concerne son service.

L'officier d'habillement doit tenir le major constamment au courant de la situation de son service; il lui propose, en temps utile, toutes les mesures de prévoyance propres à en assurer le bon fonctionnement et à maintenir des approvisionnements pouvant faire face à tous les besoins du corps.

Un officier ou adjudant, suivant les armes, lui est adjoint pour le seconder dans toutes les parties de son service.

En cas d'absence ou d'indisponibilité, l'officier d'habillement est remplacé par l'*officier* adjoint ou par un officier désigné par le colonel sur la proposition du major.

Pour la surveillance et les manutentions du magasin d'habillement et pour la tenue des écritures, l'officier d'habillement dispose d'un sergent garde-magasin et de gradés ou soldats secrétaires dont le nombre est fixé par les règlements.

L'officier d'habillement dirige et surveille le service et le travail professionnel du chef armurier et des gradés maître sellier, premier ouvrier tailleur et premier ouvrier cordonnier.

Ces gradés sont chefs d'atelier et chargés, dans les conditions fixées par les règlements, de la réparation des armes, de la confection, de la réparation et de l'entretien des harnachements, des effets, de la chaussure et de l'équipement ; ils sont responsables de l'hygiène, de la propreté et de la discipline de leurs ateliers ; les ouvriers de la section hors rang et ceux des

(1) Article modifié par le décret du 27 juin 1911 (*B. O.*, p. 1009).

unités mis momentanément à leur disposition, sont sous leurs ordres aux ateliers.

La nomination et le service des chefs armuriers et des gradés maître sellier, premier ouvrier tailleur et premier ouvrier cordonnier, font l'objet de réglementations spéciales.

CHAPITRE XXI.

Services du matériel.

Exécution des services du matériel.

Art. 142. Les services du matériel (casernement, couchage et ameublement, chauffage et éclairage, harnachement, ordinaires, service d'approvisionnement, etc.), sont assurés en conformité des règlements spéciaux concernant ces services dans les diverses armes.

CHAPITRE XXII.

Services divers d'instruction.

Service des cours régimentaires.

Art. 143. Un officier, désigné par le colonel, est chargé de la direction des cours régimentaires, conformément aux règlements et aux instructions ministérielles.

Le colonel lui adjoint le nombre de lieutenants ou sous-lieutenants nécessaires pour professer les différents cours. Un soldat appartenant en principe au service auxiliaire est mis à sa disposition pour assurer le service de la bibliothèque, l'entretien du matériel, et tenir les écritures.

Lorsque les cours régimentaires sont organisés par garnison, le colonel assure l'exécution des dispositions spéciales prescrites à cet effet.

Conférences.

Art. 144. Le colonel désigne, en tenant compte de leurs aptitudes, les officiers ou gradés chargés de faire les conférences qui peuvent être prescrites au régiment.

Tambours, clairons et trompettes.

Art. 145. Dans l'infanterie, le tambour-major, secondé par les caporaux tambours et clairons, donne l'instruction aux tambours et clairons du régiment, sous la surveillance d'un officier désigné par le colonel et sous la direction technique du chef de musique.

Dans la cavalerie et l'artillerie, l'adjudant trompette-major ou le maréchal des logis trompette-major, secondé par le brigadier trompette, est chargé, sous la surveillance d'un officier désigné par le colonel, d'apprendre aux trompettes et élèves-trompettes à sonner, à toutes les allures, les sonneries et les marches de l'arme et les sonneries de clairon de l'infanterie.

Le tambour-major, l'adjudant trompette-major et le maréchal des logis trompette-major veillent au bon entretien des instruments et signalent les réparations et remplacements nécessaires.

Escrime.

Art. 146. L'enseignement de l'escrime est donné aux militaires dans les conditions prescrites par les règlements et les instructions ministérielles. Le maître d'escrime est responsable de la tenue et du matériel de la salle d'escrime, ainsi que de la discipline et de l'instruction professionnelle du personnel mis à sa disposition.

CHAPITRE XXIII.

Service postal et télégraphique.

Objet du service.

Art. 147. Le service postal et télégraphique dans les corps de troupe a pour objet d'assurer aux militaires de ces corps la remise de la correspondance postale et télégraphique à leur adresse et de leur faciliter le payement ou l'expédition des mandats postaux, télégraphiques, et des bons de poste.

Attributions et devoirs généraux du vaguemestre.

Art. 148. Dans les corps de troupe, un vaguemestre exécute les opérations postales et télégraphiques indiquées dans les articles ci-après ; les autres opérations, notamment la remise des télégrammes, s'accomplissent suivant les règles applicables aux particuliers. Le vaguemestre n'intervient pas dans les opérations postales ou télégraphiques intéressant les personnes n'appartenant pas à l'armée qui peuvent être employées au régiment, même lorsqu'elles habitent la caserne.

Le vaguemestre doit s'initier aux connaissances que l'administration des postes exige de ses agents de distribution.

Commission du vaguemestre. — Surveillance de son service.

Art. 149. Le vaguemestre est muni d'une commission (modèle n° 10) qui lui est délivrée par le colonel et est établie en deux expéditions ; l'une de ces expéditions est conservée par le vaguemestre, l'autre est déposée chez le receveur des postes et télégraphes.

Pour tout ce qui concerne son service, le vaguemestre est placé sous la surveillance du major.

Retrait des lettres et objets au bureau de poste.

Art. 150. Le vaguemestre retire de la poste les lettres et objets chargés, recommandés ou expédiés dans la forme ordinaire, destinés aux divers services du régiment ainsi qu'aux sous-officiers logeant à la caserne, aux caporaux et aux soldats. Il retire également les lettres et objets adressés aux officiers et sous-officiers logeant en ville, lorsque les intéressés n'ont pas fait faire ces envois à leur domicile particulier ou qu'ils n'en ont pas effectué eux-mêmes le retrait au bureau de poste.

Le vaguemestre est responsable des lettres et objets qu'il retire à la poste ; il les distribue immédiatement et sans aucune rétribution en sus de la taxe.

Distribution et levée de la correspondance.

Art. 151. Le vaguemestre remet :

1° Au *colonel* sa correspondance officielle et privée ;

2° Au *gradé de liaison* de chaque unité, les envois postaux ordinaires destinés au personnel de l'unité ou aux officiers qui, suivant les ordres donnés à cet effet, sont rattachés à l'unité en ce qui concerne le service postal ;

3° Aux *destinataires directement* et aux heures fixées par le colonel, les lettres et objets chargés ou recommandés, les lettres frappées de surtaxe et les lettres ou objets dont la remise exige une décharge par la signature du destinataire. Cette remise se fait en présence du gradé de liaison de l'unité et sur la production du livret individuel du destinataire.

Suivant les instructions du major, le vaguemestre passe dans les divers services du corps pour y prendre la correspondance officielle dont il doit assurer lui-même l'expédition. Il effectue aux heures fixées la levée des boîtes aux lettres du régiment.

Perception des mandats et bons de poste.

Art. 152. Le vaguemestre retire à la poste, pour le compte des caporaux et soldats du régiment, le montant des mandats et bons de poste qui leur sont adressés.

Les officiers et sous-officiers ont qualité pour toucher eux-mêmes, dans tous les bureaux de poste et suivant les règles ordinaires, le montant des mandats et bons de poste qui leur sont adressés ; ils peuvent aussi confier ces perceptions au vaguemestre.

Les caporaux et soldats, sur la présentation d'un titre régulier d'absence, permission faisant mutation ou feuille de route justifiant de leur situation, peuvent également toucher dans tous les bureaux de poste, y compris ceux de leur garnison, les mandats et bons de poste qui leur sont adressés.

Remise et payement des mandats et bons de poste.

Art. 153. Le vaguemestre reçoit des intéressés les mandats et les bons de poste qu'il est chargé de toucher et les paye aux heures fixées par le colonel. Les remises des mandats et bons de poste lui sont faites en principe le matin ; son service doit être réglé de façon que les payements aient lieu dans la même journée avant le repas du soir.

Lorsqu'il reçoit un mandat, le vaguemestre vérifie par la production de l'enveloppe de la lettre d'envoi et, s'il a des doutes, par une enquête qu'il provoque, que le mandat appartient bien au militaire qui le lui remet. Le payement des mandats et bons de poste se fait en présence du gradé de liaison de l'unité, sur la production de la lettre d'envoi et du livret individuel du titulaire.

Opérations diverses pour le compte des militaires du régiment.

Art. 154. Les militaires peuvent, par l'intermédiaire du vaguemestre, faire charger ou recommander des lettres ou objets et prendre des mandats postaux ou télégraphiques et des bons de poste. Ils font ou font faire sans le concours du vaguemestre toutes autres opérations postales ou télégraphiques, notamment celles de versement ou de retrait de fonds en ce qui concerne les caisses d'épargne postales.

Registre du vaguemestre.

Art. 155. Pour garder trace des opérations visées par les articles 150, 151, 152, 153, 154, et en assurer le contrôle, le vaguemestre tient un registre (modèle n° 11).

Le major cote ce registre, le paraphe et vérifie les opérations qui y sont inscrites.

Boîtes aux lettres.

Art. 156. Il est placé près du poste de police une boîte aux lettres dont le vaguemestre a la clef ; les heures des levées sont inscrites sur cette boîte.

Le vaguemestre doit signaler immédiatement les dégradations à la boîte aux lettres et les réparations nécessaires.

Selon les circonstances, le colonel peut faire établir des boîtes aux lettres dans d'autres parties de la caserne.

Timbres-poste militaires.

Art. 157. Le vaguemestre se conforme aux prescriptions ministérielles concernant la comptabilité et l'apposition des timbres militaires.

Détachements.

Art. 158. Dans les fractions de corps ou détachements, le service du vaguemestre est organisé conformément aux règles qui précèdent. La commission du vaguemestre est délivrée par l'officier commandant ; cet officier est également chargé de la surveillance et des vérifications qui incombent au major dans un régiment.

Dans les détachements de faible effectif, lorsque le nombre insuffisant ou le défaut d'aptitude des gradés ne permet pas d'organiser un service de vaguemestre, les opérations postales et télégraphiques intéressant le détachement sont assurés selon les règles applicables aux particuliers ; le chef de détachement se concerte avec le service local des postes et télégraphes pour assurer la régularité du service.

Manœuvres.

Art. 159. Pendant les manœuvres, l'autorité militaire peut apporter aux règles ci-dessus les modifications qu'elle juge nécessaires pour la rapidité et la facilité du service. Elle peut prescrire notamment que, pour éviter l'encombrement des bureaux de poste, tous les mandats reçus par les militaires seront perçus par l'intermédiaire du vaguemestre.

L'administration des postes est avisée de ces dispositions.

Moyens de transport.

Art. 160. L'autorité militaire procure aux vaguemestres, suivant les circonstances locales et en se concertant à cet effet avec l'autorité civile, les facilités et avantages de transport dont jouissent sur les lignes d'omnibus, de tramways ou autres, les agents de distribution de l'administration des postes.

Réclamations.

Art. 161. Les réclamations relatives au service du vaguemestre sont transmises au major ou au commandant du détachement qui les examine immédiatement et leur donne la suite qu'elles comportent.

TITRE VI.

**Cérémonial. — Revues et inspections.
Commissions.**

CHAPITRE XXIV.

Cérémonial.

Objet du cérémonial.

Art. 162. Le cérémonial a pour objet : de manifester la discipline des troupes par la correction de leur tenue et la précision

de leurs mouvements dans les revues et défilés, de contribuer
à l'éducation militaire en rehaussant le prestige du commandement et en entourant de solennité la remise de certaines récompenses, enfin, de créer et de maintenir par des visites réglementaires les relations nécessaires entre supérieurs et subordonnés.

Inscriptions aux ordres.

Art. 163. Les généraux ou chefs de corps portent à la connaissance des troupes, par la voie des ordres :

1° Les nominations aux divers grades, les nominations dans
la Légion d'honneur et celles qui confèrent la médaille militaire
ou d'autres distinctions accordées par le gouvernement ; le passage des soldats à la 1re classe et leur nomination aux emplois
spéciaux prévus par les règlements ; les nominations aux emplois divers attribués en vertu de la loi aux rengagés et commissionnés du régiment au moment où ils quittent le service ;

2° Les actes de probité, de courage ou de dévouement et les
sanctions disciplinaires graves qui doivent être citées à titre
d'exemple ;

3° Les extraits des tableaux d'avancement, en ce qui concerne les officiers, adjudants-chefs et adjudants du régiment ;

4° Les tableaux d'avancement de la troupe, établis par ordre
alphabétique.

Réception des officiers devant la troupe.

Art. 164. Les officiers sont reçus devant la troupe de la
manière suivante :

1° Le colonel par le général de brigade dont il relève ou par
le général commandant la subdivision de région ;

2° Le lieutenant-colonel, les commandants de groupe et le
major par le colonel ;

3° Les commandants d'unité par leur commandant de groupe ;

4° Les officiers comptables par le major ;

5° Les lieutenants et sous-lieutenants par leur commandant
d'unité.

La réception des officiers a lieu à l'une des premières prises
d'armes qui suit leur nomination et dans la tenue prescrite
pour cette prise d'armes. Il y est procédé devant le régiment,
avec le drapeau, pour le colonel et le lieutenant-colonel. Les

commandants de groupe, les commandants d'unité, les lieutenants et sous-lieutenants des unités sont reçus devant le groupe,
l'unité ou la fraction d'unité dont ils viennent prendre le
commandement.

Le major et les officiers comptables sont reçus devant la
section hors rang et les officiers comptables sur lesquels ils
ont autorité.

L'officier qui doit être reçu se place à la gauche de celui qui
le reçoit ; l'un et l'autre se mettent au port de l'épée ou du
sabre ; ils font face à la troupe.

Celui qui reçoit fait mettre l'arme sur l'épaule ou le sabre à
la main et ouvrir le ban ; il prononce à haute voix la formule
suivante :

« De par le Président de la République, vous reconnaîtrez
pour...... M......, ici présent, et vous lui obéirez en tout ce
qu'il vous commandera pour le bien du service, l'exécution des
règlements militaires et l'observation des lois. »

Les deux officiers se font face, se saluent de l'épée ou du
sabre, puis celui qui reçoit fait fermer le ban et reposer les
armes.

Les officiers qui avancent en grade sans changer d'emploi
ne sont pas reçus.

Les officiers changeant de corps sont reçus dans leur nouveau
corps.

Visites.

Art. 105. Les officiers font les visites de corps et les visites
individuelles prescrites par le règlement sur le service de place.
Ils se conforment, pour la tenue à prendre, aux dispositions
de ce règlement.

Les règles ci-après sont appliquées aux visites à l'intérieur
des corps de troupe.

1° Le colonel reçoit la visite de corps des officiers lorsqu'il
vient prendre le commandement du régiment. Le colonel et les
officiers prennent la grande tenue ;

2° Tout officier arrivant au régiment se présente en tenue de
sortie au colonel et aux officiers dont il relève. Les officiers
placés sous ses ordres lui font une visite individuelle ;

3° Lorsque le régiment est en route ou en station momen-
tanée hors de sa garnison, les officiers prennent, pour les visites

de corps, visites individuelles et présentations ci-dessus, la tenue prescrite pour la route ou pour le lieu de stationnement.

Réceptions.

Art. 166. La grande tenue est de rigueur pour les réceptions chez le Président de la République, les présidents des Chambres et du Conseil des Ministres, les Ministres et Sous-Secrétaires d'Etat, le grand chancelier de la Légion d'honneur. Elle est prise dans les autres cérémonies officielles, soit en conformité du règlement sur le service de place, soit lorsque l'ordre en est donné.

Remise des décorations, insignes et diplômes.

Art. 167. La remise des insignes de la Légion d'honneur ou de la médaille militaire aux militaires de tout grade est effectuée conformément aux prescriptions du décret du 10 mai 1886, modifié le 16 novembre 1886 (*B. O.*, É. M., vol. n° 30, p. 32).

Pour les autres insignes ou distinctions honorifiques, il est procédé ainsi qu'il suit :

Lorsqu'un officier, sous-officier, caporal ou soldat a obtenu la médaille coloniale, une médaille commémorative de campagne ou toute autre distinction honorifique accordée par le gouvernement, il en est donné connaissance au régiment par la voie de l'ordre.

Suivant que le titulaire fait ou non partie d'un corps de troupe, la remise de l'insigne ou du diplôme lui est faite à l'occasion d'une prise d'armes, par le chef de corps ou par le commandant d'armes.

CHAPITRE XXV.

Revues et inspections.

Prescriptions générales.

Art. 168. Suivant les principes indiqués aux titres Ier et II du règlement, les revues et inspections ont pour but la constatation des résultats obtenus et la recherche des progrès à réaliser au point de vue de l'instruction et de l'éducation militaires, de l'administration et de la comptabilité, de l'état sanitaire des

hommes et des chevaux, de la conservation, de l'état d'entretien
du matériel et de son appropriation aux besoins.

En dehors de celles prévues par les deux premiers titres du
règlement, des revues et inspections sont passées par les officiers généraux, les fonctionnaires du contrôle et de l'intendance, les médecins inspecteurs, les vétérinaires principaux,
les officiers d'artillerie désignés par le Ministre.

*Les supérieurs à tous les degrés interdisent d'une façon
absolue les rassemblements prématurés et rappellent à leurs
subordonnés que la rapidité avec laquelle une troupe se met
sur pied donne la mesure de sa discipline, de son instruction
et de son entraînement.*

Revues d'effectifs des fonctionnaires du contrôle.

Art. 169. Lorsqu'au cours de leurs inspections les fonctionnaires du contrôle reconnaissent la nécessité de passer une
revue d'effectifs, ils invitent l'autorité militaire locale à donner
les ordres nécessaires.

Revues d'effectifs des fonctionnaires de l'intendance.

Art. 170. Les fonctionnaires de l'intendance passent des
revues d'effectifs lorsqu'ils en reçoivent l'ordre des généraux.
Lorsqu'ils reconnaissent eux-mêmes la nécessité d'une revue
d'effectifs, ils adressent des propositions motivées au général
commandant le corps d'armée qui décide de la suite à donner
à ces propositions.

Les revues d'effectifs doivent, autant que possible, avoir un
caractère inopiné ; elles peuvent ne porter que sur une fraction
du régiment ; le général qui a donné l'ordre de passer la revue
en règle, s'il y a lieu, les détails d'exécution.

Au cours des revues d'effectifs, les fonctionnaires de l'intendance se font communiquer tous les documents utiles à leurs
opérations.

Inspections médicales et vétérinaires.

Art. 171. Lorsqu'un médecin inspecteur, en tournée d'inspection ou en mission, arrive dans une place, il se concerte
avec le commandant d'armes à l'effet de fixer, pour chaque
corps, l'heure de sa visite dans les casernes.

N° 78.

Le colonel et les officiers auxquels des renseignements peuvent être utilement demandés accompagnent le médecin inspecteur dans ces visites.

Les officiers sont en tenue de sortie, sous la réserve indiquée par le 3° de l'article 165.

Les mêmes règles sont appliquées pour les inspections du directeur du service de santé du corps d'armée ou du vétérinaire principal du ressort, en mission conformément aux ordres du général commandant le corps d'armée.

Lorsque l'officier qui inspecte est d'un grade inférieur à celui du chef de corps, celui-ci est autorisé à déléguer un officier pour le remplacer ; dans ce cas, les renseignements donnés par cet officier au médecin ou vétérinaire inspecteur sont toujours fournis au nom du chef de corps et engagent sa responsabilité.

Visite des armes, des munitions, du matériel roulant et du harnachement.

Art. 172. Les visites périodiques d'armes, munitions, outils, matériel roulant et harnachement, dont sont chargés les officiers d'artillerie désignés par le Ministre, font l'objet de réglementations spéciales.

La visite des armes se fait par unité, en présence du commandant d'unité et de l'officier ou adjudant adjoint à l'officier d'habillement.

CHAPITRE XXVI.

Commissions.

Prescriptions générales.

Art. 173. Les commissions et conseils constitués dans les corps de troupe sont composés et fonctionnent conformément aux prescriptions des règlements ou des instructions ministérielles spéciales concernant les services auxquels ils se rapportent.

TITRE VII.

Les sanctions.

CHAPITRE XXVII.

Principes d'application.

Moyens d'action des chefs. — Récompenses et punitions.

Art. 174. Les sanctions appliquées aux militaires sont la conséquence juste et nécessaire de leurs actes et de leur manière de servir ; elles complètent et renforcent les autres moyens dont disposent les chefs pour assurer l'exécution des ordres et réaliser les volontés du commandement.

En même temps que la discipline et l'éducation militaire forment le soldat et lui enseignent ses devoirs, les éloges et les distinctions dont il est l'objet récompensent ses efforts et stimulent son zèle ; les remontrances et, au besoin, les punitions redressent sa conduite, combattent sa négligence ou répriment ses fautes.

Les chefs disposent des deux genres de sanctions, mais l'ascendant qu'ils ont sur leurs subordonnés doit suffire, en général, pour prévenir les fautes. Leurs conseils, leurs observations, leur vigilance dans toutes les parties du service peuvent beaucoup pour éviter les manquements au devoir.

Lorsque les moyens de persuasion restent sans effet, l'intérêt de la discipline oblige à prononcer une punition. Le supérieur qui l'inflige doit toujours la proportionner à la faute, tenir compte des circonstances, de la conduite habituelle du militaire fautif, de son degré d'intelligence et du temps de service qu'il a déjà accompli. A cette condition, la punition produit un effet salutaire et celui qui en est l'objet y voit la juste application des principes de discipline et d'obéissance aux chefs.

L'expérience montre que l'appréhension de la première punition est profitable à la discipline, et qu'au contraire le fait d'avoir été déjà effectivement puni fait attacher moins d'importance aux sanctions ultérieures ; il importe donc de n'infliger qu'à bon escient la première punition marquante.

Nul ne doit encourir plusieurs punitions pour la même faute.

En aucun cas, les fautes individuelles ne doivent entraîner de répression collective.

CHAPITRE XXVIII.

Récompenses.

Nature des récompenses.

Art. 175. Dans les corps de troupe, les sous officiers, caporaux et soldats sont récompensés de leur esprit de discipline, de leur bonne conduite et de l'ensemble de leurs services par :

1° Les félicitations verbales ou écrites ;

2° Les félicitations à l'ordre du régiment ;

3° L'admission à la 1re classe et la promotion aux différents grades auxquels nomme le colonel ;

4° L'obtention du certificat de bonne conduite.

Les dispenses de certains travaux, les permissions, et, d'une manière générale, les faveurs autorisées par le règlement et compatibles avec le bien du service, permettent également aux chefs de récompenser les militaires sous leurs ordres.

Sauf dans les cas visés par l'article 185, *les permissions sont une récompense et non un droit.*

Félicitations verbales ou écrites.

Art. 176. Les félicitations sont faites verbalement ou par écrit.

Le chef qui les accorde apprécie les moyens de leur donner la portée qu'il désire et d'y rendre sensible l'inférieur qui les reçoit.

Les félicitations écrites ne sont données que par le chef de corps, le commandant de groupe, le chef de service et le commandant d'unité ; elles ne sont accordées qu'avec mesure et doivent être toujours explicitement motivées ; elles sont enregistrées à leur date par le commandant de l'unité à laquelle appartient le militaire intéressé.

Félicitations à l'ordre du régiment.

Art. 177. Les félicitations à l'ordre du régiment sont accordées par le colonel, soit directement, soit sur la proposition du commandant de groupe ou du chef de service.

L'ordre de félicitations est lu à un appel dans toutes les unités du régiment ; un exemplaire en est remis à l'intéressé.

Admissions à la 1re classe. — Promotions aux différents grades.

Art. 178. Les admissions à la 1re classe et les nominations aux différents grades sont prononcées par le colonel, conformément aux dispositions du titre Ier.

Elles récompensent la bonne conduite, en même temps qu'elles témoignent de l'aptitude à l'emploi ou au commandement et des services effectivement rendus.

Certificat de bonne conduite.

Art. 179. Un certificat de bonne conduite (modèle n° 12) est délivré, au moment de leur libération, aux militaires ayant accompli la durée légale du service actif qui se sont bien conduits sous les drapeaux.

Ce certificat peut être également délivré :

1° Aux militaires réformés n° 1, quelle que soit la durée de leur service ;

2° Aux militaires réformés n° 2, mais seulement après une durée effective de service au moins égale à six mois.

Il est accordé ou refusé par le général de brigade, sur la proposition de la *commission de certificats de bonne conduite*. La composition et le fonctionnement de cette commission font l'objet d'une réglementation spéciale.

Le certificat de bonne conduite n'est jamais délivré en copie ou duplicata. Les militaires libérés du service actif qui ont perdu leur certificat de bonne conduite peuvent obtenir des commandants des bureaux de recrutement, *sur demande légalisée*, une attestation constatant qu'ils ont obtenu ce certificat.

Le certificat ne peut être refusé aux sous-officiers, caporaux, soldats de 1re classe ou pourvus d'emplois spéciaux. Cependant, lorsque la commission juge que l'un des militaires dont il s'agit se trouve, au moment de son renvoi, indigne d'obtenir un certificat de bonne conduite, le colonel en réfère au général commandant le corps d'armée, qui statue.

Le certificat de bonne conduite obtenu par un militaire libéré lui est définitivement acquis en ce qui concerne la période pour laquelle ce certificat a été délivré. Le militaire libéré réadmis au service actif pour une période d'une certaine durée peut, à l'expiration de cette période, demander le renouvellement de son certificat. Il est statué sur cette demande selon les règles précédemment indiquées. Lorsque la demande est admise, le militaire intéressé doit produire l'ancien certificat qui est annulé et remplacé par un nouveau certificat s'appliquant à l'ensemble de ses services.

Permissions faisant mutation.

Art. 180. Le colonel a toute qualité pour accorder, selon les règles ci-après, des permissions faisant mutation aux militaires du régiment :

1° Aux officiers et assimilés avec solde de présence jusqu'à trente jours:

Le général de brigade accorde dans les mêmes conditions des permissions au colonel ; il rend compte au Ministre de celles de ces permissions qui dépassent huit jours ;

2° Aux sous-officiers dont le service a dépassé la durée légale, avec solde et accessoires jusqu'à trente jours ;

3° Aux caporaux et soldats dont le service a dépassé la durée légale, sans solde, mais avec la haute paye jusqu'à trente jours ;

4° Aux sous-officiers, caporaux et soldats n'ayant pas encore accompli la durée légale du service, en conformité des prescriptions de la loi du 21 mars 1905 interdisant, pendant cette durée, de dépasser pour ces militaires le chiffre total de trente jours de permission, en dehors des dimanches et jours fériés.

Le colonel peut cependant, dans des cas de force majeure qu'il apprécie et dûment justifiés, accorder aux militaires de cette catégorie des permissions n'entrant pas dans le décompte des trente jours formant le maximum légal ; il rend compte au général de brigade des permissions accordées dans ces conditions.

Les permissions sont subordonnées aux nécessités du service; elles sont accordées de préférence aux époques où la progression de l'instruction s'y prête le mieux, à celles des fêtes légales,

des travaux agricoles ou à l'occasion d'événements ou cérémonies de famille.

Le colonel peut déléguer aux commandants de groupe et
d'unité le droit d'accorder, pour les dimanches et jours fériés,
ou en cas d'urgence, des permissions faisant mutation. Dans
les cas d'urgence, la permission ainsi accordée doit être limitée
au minimum indispensable, jusqu'à décision du colonel.

Dispositions spéciales aux médecins et aux vétérinaires.

Art. 181. Le colonel n'accorde de permissions aux médecins
qu'après autorisation du commandant d'armes qui prend l'avis
du médecin chef du service de santé de la place. En cas d'urgence, il peut accorder aux médecins des permissions de courte
durée dont il rend compte immédiatement au commandant
d'armes.

Les demandes de permission pour une durée de huit jours
ou plus, présentées par les vétérinaires des corps de troupe,
ne peuvent être accordées qu'après avis favorable du directeur
du ressort vétérinaire, lorsque ces vétérinaires sont chargés
d'un service de leur spécialité en dehors du régiment.

Lorsque le directeur du ressort vétérinaire n'a pas été appelé
à donner son avis, le vétérinaire intéressé lui rend compte de
la permission qu'il a obtenue.

Permissions des réservistes et des territoriaux.

Art. 182. En dehors des dimanches et jours fériés, il n'est
accordé aucune permission faisant mutation aux militaires de
la réserve et de l'armée territoriale pendant la durée des con-
vocations. Les cas d'urgence dûment établis peuvent seuls jus-
tifier une exception à cette règle.

Prolongations de permission.

Art. 183. Les officiers et hommes de troupe en permission
peuvent, en exposant les raisons qui justifient leur demande,
obtenir des prolongations de permission, sous la réserve que
celles-ci ne portent pas à plus de trente jours la durée totale
de leur absence.

Ces prolongations sont accordées par le colonel ou, si le permissionnaire est chef de corps, par le général de brigade.

Les prolongations de permission pour cause de convalescence accordées à un militaire accomplissant le temps légal de service entrent dans le décompte des trente jours que la loi du 21 mars 1905 permet d'accorder. Au contraire, lorsqu'une prolongation de permission est accordée par suite d'un cas nouveau de maladie survenu au cours de la permission, cette prolongation n'entre pas dans le décompte des trente jours légaux. Le colonel statue et doit faire prendre à cet égard tous les renseignements nécessaires.

Toute prolongation de permission portant au delà de trente jours la durée de l'absence ne peut être demandée et accordée que sous forme de congé.

Congés; militaires se rendant à l'étranger.

Art. 184. Les demandes de congés ainsi que les demandes d'autorisation pour se rendre à l'étranger sont établies conformément au décret spécial à cet objet.

Permissions après l'appel du soir.

Art. 185. Les adjudants-chefs logeant au quartier sont autorisés à rentrer à toute heure.

Les adjudants, les sous-officiers décorés de la Légion d'honneur et de la médaille militaire et les sous-officiers rengagés que leur service ne retient pas à la caserne sont autorisés à ne rentrer qu'à une heure du matin.

Les autres sous-officiers et les caporaux fourriers, ainsi que les caporaux et soldats décorés de la Légion d'honneur ou de la médaille militaire ou rengagés, sont dispensés de se trouver à l'appel du soir ; ils doivent rentrer à la caserne à 11 heures du soir.

L'appel du soir a lieu en principe à 9 heures.

Le colonel retire les autorisations et dispenses ci-dessus lorsqu'il en est fait abus ou que l'intérêt du service l'exige.

Après l'appel du soir, les sous-officiers, caporaux et soldats qui sortent du quartier et qui y rentrent sont tenus de se présenter au chef du poste de police.

CHAPITRE XXIX.
Punitions.

Fautes contre la discipline.

Art. 186. Sont considérés comme manquements au devoir militaire ou fautes contre la discipline, et punis comme tels suivant leur gravité :

Les actes contraires au respect que tout militaire doit en toute circonstance aux règlements de police, aux lois, au gouvernement de la République et aux autorités qui le représentent; les infractions aux règlements militaires ; la violation des règles relatives à l'exécution des punitions ; les indiscrétions, la paresse, la mauvaise volonté et la négligence dans le service, aussi bien dans le service normal que dans celui qui peut être requis par les autorités qualifiées à cet effet ; l'oubli de la dignité professionnelle ; les dettes résultant de l'inconduite ; la tentative de dissimuler son identité en cas de faute ou de se soustraire à la responsabilité de ses actes ; les querelles entre militaires ou avec des citoyens ; les brimades ; l'ivresse dans tous les cas, même lorsqu'elle ne trouble pas l'ordre ; la manifestation publique, sous quelque forme que ce soit, d'opinions, ou la publication d'écrits qui peuvent nuire à la discipline ou créer des difficultés aux autorités, soit à l'intérieur, soit à l'extérieur, ou compromettre de toute autre façon les intérêts généraux du pays.

Sont considérés également comme manquements à la discipline :

De la part du supérieur, tout acte de faiblesse, tout abus d'autorité, tout propos offensant, toute punition injustement infligée.

De la part de l'inférieur, tout murmure, tout écart de langage, tout défaut d'obéissance ; les manquements aux appels, à l'instruction et aux différents services.

Sanctions particulières aux absences illégales.

Art. 187. Les militaires qui s'absentent sans permission ou qui ne sont pas rentrés à la date fixée par leur titre de permission ou de congé, encourent des punitions disciplinaires ou, si l'absence a dépassé certains délais, des sanctions pénales.

Les officiers sont traduits devant le conseil de guerre pour absence illégale en cas d'absence sans permission ayant dépassé six jours, ou s'ils sont en retard de plus de quinze jours à la rentrée d'une permission.

Tout sous-officier ou caporal et tout soldat ayant plus de trois mois de service qui s'absente sans permission est considéré comme déserteur à l'intérieur après six jours pleins suivant celui de l'absence constatée; les soldats n'ayant pas trois mois de service ne sont considérés comme déserteurs à l'intérieur qu'après un mois d'absence dans les mêmes conditions.

Tout sous-officier ou caporal et tout soldat ayant plus de trois mois de service qui ne rejoint pas son corps à l'expiration d'une permission ou d'un congé est considéré comme déserteur à l'intérieur après quinze jours pleins suivant celui fixé pour son retour. Le délai de quinze jours est porté à un mois pour les soldats n'ayant pas trois mois de service à la date à laquelle leur rentrée devait avoir lieu.

Tout homme de troupe qui se rend coupable d'absence illégale peut être changé de corps d'office.

Droit de punir.

Art. 188 (1). Tout supérieur, quel que soit son grade et à quelque corps ou service qu'il appartienne, a le devoir strict de contribuer au maintien de la discipline générale en relevant toute faute de ses inférieurs et en s'efforçant d'y mettre fin, lorsque cette faute se poursuit.

Lorsqu'il le juge nécessaire, et dans tous les cas, lorsque ses ordres sont méconnus, il réprime les infractions en infligeant les punitions prévues par les règlements.

Le droit de punir appartient, à cet effet, à tous les gradés dans les conditions fixées par l'article 189 ci-après, et dans les limites déterminées par les articles 198 et 208.

Le chef du détachement, s'il est officier supérieur, a les mêmes droits que le colonel en matière de punitions. S'il est officier subalterne, il a les mêmes pouvoirs que le commandant

_____

(1) Nouvelle rédaction. (Décret du 14 mai 1912. B. O., p. 811.)

d'unité. Les sous-officiers ou caporaux chefs de détachement ou de poste possèdent les droits du sous-lieutenant.

Tout militaire qui remplit momentanément une fonction possède, en matière de punition, et quel que soit son grade, les mêmes droits que le titulaire de cette fonction. Les simples soldats remplissant les fonctions de caporal ont les droits du caporal.

Lorsqu'un chef estime que les pouvoirs disciplinaires dont Il dispose ne lui permettent pas une sanction suffisante, il prend les mesures nécessitées par l'intérêt de la discipline et du bon ordre, et en adresse aussitôt le compte rendu à l'autorité dont il relève.

Dès qu'une punition est prononcée, le chef qui l'a infligée la notifie ou la fait notifier sans retard à l'intéressé.

Les punitions ne sont jamais notifiées en présence des inférieurs des militaires punis; elles peuvent être insérées aux ordres dans le cas prévu à l'article 163.

Exercice du droit de punir.

Art. 189 (1). Tout supérieur a le droit de punir, en toute circonstance de temps et de lieu, les militaires appartenant, même provisoirement, au même corps ou service que lui; il possède également ce droit, dans les bâtiments et établissements de la guerre et dans l'intérieur des détachements, à l'égard de tout militaire même appartenant à un corps ou service différent du sien.

Les fautes commises dans une place, en dehors d'un établissement de la guerre, et constatées par un supérieur d'un autre corps ou service que le militaire fautif, donnent lieu à une demande de punition dans les conditions fixées par l'article 48 du décret du 7 octobre 1909 sur le service de place.

Inscription et sanction des punitions.

Art. 190 (1). Les punitions figurent toutes à la situation-rapport de l'unité. Elles sont portées à la connaissance du commandant de l'unité, soit par les comptes rendus de ses subor-

---

(1) Nouvelle rédaction. (Décret du 14 mai 1912. *B. O.*, p. 811.)

donnés, soit par les notifications transmises par le service général, s'il s'agit de punitions infligées par des gradés étrangers à
l'unité.

Elles ne deviennent définitives et leur exécution ne commence
qu'après la sanction du commandant de l'unité, ou, en cas d'urgence, de l'officier de service prévu par l'article 103 du présent
décret. Toutefois, tout militaire à qui une punition a été noti-
fiée, est, dès ce moment, consigné au quartier ou garde les
arrêts simples.

Toute punition de prison égale ou supérieure à huit jours
doit faire l'objet d'un rapport écrit; elle ne peut être prononcée sans que le chef qui l'inflige ait recueilli de vive voix ou
par écrit les explications du militaire puni.

Droit de modifier ou de faire cesser les punitions. — Sursis.

Art. 191. Le commandant d'unité (en ce qui concerne les
détachements de son unité), le commandant de groupe, le chef
de corps, les officiers généraux sous les ordres desquels le
corps est placé, peuvent modifier ou faire cesser les punitions
infligées par leurs subordonnés. Ils peuvent aussi accorder le
bénéfice du sursis lorsque la faute est commise par négligence
légère, inconscience ou défaut d'instruction, et que le militaire
fautif se recommande par sa bonne conduite habituelle.

Lorsque le sursis est accordé, la punition est suspendue
pendant un délai dont la durée est fixée par l'autorité qui accorde le sursis. Lorsque, pendant ce délai, le militaire qui a
bénéficié de cette mesure ne commet aucune faute entraînant
une répression de même nature ou plus grave, la première punition est annulée. Dans le cas contraire, la punition qui a donné
lieu au sursis devient définitive, s'ajoute à la dernière et toutes
deux sont inscrites et subies effectivement.

Pour permettre les vérifications, les punitions donnant lieu
à sursis sont inscrites sur une feuille du livret matricule *exclusivement réservée à cette inscription.*

Punitions des hommes de troupe.

Art. 192 (1). *Les punitions à infliger aux soldats sont :*
La consigne au quartier ;

---

(1) Article modifié par le décret du 13 novembre 1911 (B. O., p. 1493).

La salle de police ;

La prison ;

La cellule ;

Le renvoi d'un emploi spécial ou de la 1re à la 2e classe ;

La cassation, pour les emplois spéciaux auxquels cette sanction peut être appliquée ;

La révocation ou la mise à la retraite d'office pour les commissionnés ;

L'envoi aux sections spéciales.

Les punitions à infliger aux caporaux sont :

La consigne au quartier ;

La salle de police ;

La prison ;

La cassation ;

La révocation ou la mise à la retraite d'office pour les commissionnés.

Les punitions à infliger aux sous-officiers sont :

Les avertissements comprenant : l'avertissement du capitaine et l'avertissement du commandant ;

Les arrêts simples ;

Les arrêts de rigueur ;

La rétrogradation ;

La cassation ;

La révocation et la mise à la retraite d'office pour les commissionnés.

En dehors de l'échelle des punitions, les sous-officiers peuvent encourir la réprimande du colonel.

Exécution des punitions de consigne au quartier, salle de police, prison et cellule.

Art. 193. Les soldats et caporaux punis de consigne au quartier continuent à faire leur service. En dehors du service, ils restent libres à l'intérieur de la caserne, mais ne peuvent sortir sous aucun prétexte. Ils doivent répondre aux appels des hommes punis.

Les soldats et caporaux punis de salle de police font leur service et ne peuvent sortir de la caserne sous aucun prétexte, en dehors du service ; le soir, à une heure fixée par le colonel, ils sont enfermés jusqu'au réveil dans un local spécial, distinct pour les caporaux et les soldats ; lorsque les locaux disciplinaires le permettent, les caporaux et soldats punis de salle de police sont enfermés isolément.

Les soldats et caporaux punis de prison sont enfermés isolément. En principe, ils participent aux exercices et aux prises d'armes de leur unité. Cependant, le colonel peut décider qu'ils ne paraîtront pas devant la troupe pendant tout ou partie de leur punition. Cette disposition est de règle pour ceux en prévention de conseil de guerre, de conseil d'enquête ou de conseil de discipline. Le colonel peut prescrire aussi que les militaires punis de prison suivront des instructions ou exercices ayant pour but d'améliorer leur instruction et leur éducation militaires ; les soldats sont employés, en outre, à des corvées de propreté ou d'utilité générale.

Le soldat puni de cellule reste enfermé isolément pendant toute la durée de sa punition, sauf une sortie journalière d'environ une heure.

Les militaires qui, pendant la durée de leur service, ont subi des punitions de prison ou de cellule d'une durée supérieure à huit jours sont maintenus au corps après la libération de leur classe ou l'expiration de leur engagement pendant un nombre de jours égal au nombre de journées de prison ou de cellule qu'ils ont subies, *déduction faite des punitions n'excédant pas huit jours.*

Cette disposition n'est pas applicable aux militaires qui, au moment de la libération de leur classe ou de l'expiration de leur engagement, sont en possession du grade de sous-officier ou de celui de caporal, ou qui sont soldats de 1re classe, si les punitions ont été encourues par eux antérieurement à leur nomination. Elle s'applique à tous les militaires de la réserve et de l'armée territoriale punis au cours d'une période d'exercice ou de manœuvres.

Tout militaire qui, soit au moment de sa libération, soit au moment de l'expiration du temps de service supplémentaire qu'il a eu à accomplir, soit à l'issue d'une période d'instruction, a à subir tout ou partie d'une punition de prison ou de cellule, est retenu au corps jusqu'à ce qu'il ait achevé sa punition.

Présentation au colonel des militaires punis de prison ou de cellule.

Art. 194. Le colonel se fait présenter, au cours de leur punition, les hommes punis de prison ou de cellule ; il peut, en tenant compte de leur conduite et de leur attitude, réduire la punition restant à subir ou la faire cesser.

Dispositions concernant l'alimentation, l'hygiène, le couchage et la solde des militaires punis.

Art. 195. Les prescriptions générales relatives à la propreté, à l'état sanitaire et à l'hygiène s'appliquent sans modification aux hommes punis et à la tenue des locaux disciplinaires.

Il en est de même en ce qui concerne l'alimentation des militaires punis.

Le couchage des caporaux et soldats punis de prison ou de cellule se compose d'une couverture.

Dans les circonstances exceptionnelles (rigueur du froid, détention prolongée nécessitée par les formalités d'une instruction ou enquête, etc.), le colonel peut modifier le régime de la prison ou de la cellule ; il peut ordonner que la punition sera subie en totalité ou en partie dans un local qu'il désigne à cet effet. Il prend les mesures nécessaires pour que les militaires enfermés dans les locaux disciplinaires puissent être secourus sans retard en cas de maladie ou d'accident.

La solde des soldats ou caporaux punis de prison ou de cellule est versée à l'ordinaire. Toutefois, lorsque ces militaires ont été incarcérés préventivement et qu'une punition de prison ou de cellule n'est pas prononcée, ou qu'il y a refus d'informer, non-lieu ou acquittement, leur solde leur est restituée.

La solde des hommes dont la punition prend fin en vertu de l'article 194 cesse d'être versée à l'ordinaire.

Le droit à la haute paye journalière est suspendu pendant le cours des punitions supérieures à huit jours de prison et des punitions de cellule.

Exécution des punitions des sous-officiers.

Art. 196. Les punitions de l'avertissement, des arrêts simples et arrêts de rigueur des sous-officiers sont exécutées d'après les règles suivantes :

Les avertissements sont donnés, dans une forme laissée à l'appréciation des officiers qui infligent cette punition, soit en particulier, soit en présence de deux sous-officiers plus élevés en grade ou plus anciens que le sous-officier averti.

Le sous-officier aux arrêts simples peut, en dehors du service, circuler librement à l'intérieur de la caserne, mais il lui est interdit d'en sortir, excepté pour le service.

Les sous-officiers logeant en ville subissent la punition d'arrêts simples à leur domicile ; il leur est interdit d'en sortir, sauf pour le service. Le colonel peut, dans des conditions qu'il détermine, leur faire subir cette punition à la caserne.

Le sous-officier aux arrêts de rigueur cesse son service et est enfermé dans un local spécial fixé, pour chaque garnison, par le commandant d'armes.

Formes de la réprimande du colonel pour les sous-officiers.

Art. 197. La réprimande du colonel constitue une sanction morale qui peut, soit faire suite à une punition, soit être prononcée sans qu'une punition préalable ait été infligée.

La réprimande du colonel est toujours infligée en présence de deux sous-officiers au moins, désignés comme il est dit ci-dessus ; elle est inscrite au livret matricule, mais distinctement des punitions.

Tableau des punitions qui se décomptent par jour (sous-officiers, caporaux et soldats).

Art. 198 (1). Le maximum des punitions, se décomptant par jour, qui peuvent être infligées par les différentes autorités hiérarchiques aux sous-officiers, caporaux et soldats, est indiqué dans le tableau ci-après :

---

(1) Nouvelle rédaction. (Décret du 14 mai 1912. *B. O.*, p. 811.)

DÉSIGNATION des AUTORITÉS pouvant infliger des punitions.	MAXIMUM DE DURÉE DES PUNITIONS pouvant être infligées aux :		OBSERVATIONS.
	Caporaux-fourriers Sous-officiers.	Caporaux Soldats.	
Caporal et caporal-fourrier.	....	2 jours de consigne	(1) Peuvent être prononcées seulement par les adjudants de semaine dans leur service spécial ou par les adjudants chefs ou adjudants dans leur compagnie.
Sous-officier..........	2 jours d'arrêts simples	4 jrs. de consigne 2 j. d. s. d. pol. (1)	
Sous-lieutenant......		8 jours de consigne	(2) En dehors de leur unité les officiers supérieurs n'ont droit de prononcer que des punitions de durée moitié moindre (8 jours pour les arrêts simples et la salle de police.
Lieutenant..........	4 jours d'arrêts simples	4 jours de salle de police	
Capitaine (hors la compagnie)			
Capitaine (dans la compagnie)	15 jrs. d'arrêts simples	30 jours de consigne 15 jrs. de salle de police	
Chef de bataillon (dans son unité)........	8 jours d'arrêts de rigueur	8 jours de prison	(3) Les droits existant pour le général commandant une division d'infanterie à l'égard de son artillerie divisionnaire.
Lieutenant-colonel d' son régiment) (2)...			
Officier supérieur (chef de corps)	30 jrs. d'arrêts simples	30 jrs. de consigne 30 jrs. de salle de police	Cont 8 de cellule pour les soldats seulement
Officier général (hors de son commandem')	15 jrs. d'arrêts de rigueur	15 jrs. d. prison	
Dans son commandement :			
Le général commandant la brigade peut infliger au total....	20 jrs. d'arrêts de rigueur	20 jrs. d. prison	dont 10 de cellule pour les soldats seulement
Le général commandant la division peut infliger au total (3).	25 jrs. d'arrêts de rigueur	25 jrs. d. prison	Cont 12 de cellule pour les soldats seulement
Le général commandt le corps d'armée peut infliger au total....	30 jrs. d'arrêts de rigueur	30 jrs. d. prison	dont 15 de cellule pour les soldats seulement

De plus, les soldats caporaux et sous-officiers. autorisés à sortir du quartier après l'appel du soir, peuvent être privés de cette faculté par le capitaine dans sa compagnie et par les officiers supérieurs pour une durée n'excédant pas 30 jours.

Dispositions concernant les punitions infligées aux hommes non reconnus malades, en permission, en congé ou en convalescence.

Art. 199. Toute punition infligée à un homme pour avoir manqué à son service et n'avoir pas été reconnu malade est, en principe, ajournée pendant quinze jours. Toutefois, le colonel peut prescrire l'accomplissement immédiat de la punition quand il le juge nécessaire dans l'intérêt de la discipline.

Tout militaire qui, en permission ou en congé, encourt une punition de prison, est immédiatement renvoyé à son corps par le général commandant la subdivision de région.

Tout militaire qui, étant en congé de convalescence, est signalé comme ayant une inconduite caractérisée ou s'étant rendu coupable de faits délictueux, peut, après avis des médecins, être renvoyé au corps ou dirigé sur l'hôpital.

Renvoi à la 2ᵉ classe des soldats de 1ʳᵉ classe ou pourvus d'emplois spéciaux.

Art. 200. Les soldats de 1ʳᵉ classe ou pourvus d'un emploi spécial, peuvent être remis soldats de 2ᵉ classe sur l'ordre du colonel ou du chef de détachement ayant eu qualité pour les nommer ; cette punition est prononcée d'après le rapport du capitaine, revêtu des avis hiérarchiques.

Envoi aux sections spéciales.

Art. 201 (1). Les soldats des différents corps de troupe ne peuvent être envoyés aux sections spéciales que par décision du Ministre de la guerre, rendue sur proposition du général commandant le corps d'armée, après avis d'un conseil de discipline, et dans les cas suivants :

1° Lorsqu'ils prennent part à des actes collectifs d'indiscipline ou que, sans tomber sous le coup des dispositions de l'alinéa 2° ci-dessous, ils commettent une ou plusieurs fautes dont la gravité, en raison du caractère particulier de ces fautes ou des circonstances qui les accompagnent, rend insuffisante la répression par de simples peines disciplinaires ;

2° Lorsqu'ils tiennent une conduite dépravée ou persistent, par des fautes et contraventions que de simples peines disciplinaires sont impuissantes à réprimer, à porter le trouble et le mauvais exemple dans le corps dont ils font partie; lorsqu'ils se mutilent volontairement après leur incorporation, ou enfin lorsque, sans tenir compte des remontrances et des punitions, ils simulent, de parti-pris, des infirmités, dans le but de se soustraire au service.

L'envoi aux sections spéciales des militaires des corps spéciaux d'Afrique est prononcé conformément aux indications du tableau ci-après :

---

(1) Nouvelle rédaction. (Décret du 14 janvier 1912, *B. O.*, p. 56.)

DÉSIGNATION des CORPS DE TROUPE.	AUTORITÉS qui prononcent l'envoi aux sections spéciales.	OBSERVATIONS.
Bataillons d'infanterie légère d'Afrique.....	Général commandant le 19ᵉ corps d'armée .... Général commandant la division d'occupation de Tunisie................. Général commandant les troupes débarquées au Maroc................. Général commandant les confins marocains	Pour les militaires des bataillons d'Afrique placés sous leurs ordres.
Corps de troupe indigènes d'Afrique	Généraux commandant les divisions en Algérie .... Général commandant la division d'occupation de Tunisie.................. Général commandant les troupes débarquées au Maroc.................... Général commandant les confins marocains	Pour les militaires des corps de troupe indigènes d'Afrique placés sous leurs ordres.
Régiments étrangers....	Général commandant la division d'Oran. Général commandant les troupes débarquées au Maroc................. Général commandant les confins marocains	Pour les militaires des régiments étrangers placés sous leurs ordres.

L'envoi aux sections spéciales organisées dans certains corps de troupe stationnés aux colonies est prononcé, dans les mêmes conditions, par les commandants supérieurs des troupes, quand ils sont officiers généraux.

Rétrogradation, cassation, révocation, mise à la retraite d'office des gradés ou soldats commissionnés.

Art. 202 (1). La rétrogradation et la cassation des militaires gradés (à l'exception des sous-officiers et caporaux rengagés ou commissionnés et de ceux qui sont décorés de la médaille militaire ou de la Légion d'honneur), sont prononcées par les généraux, sur la plainte du commandant d'unité, revêtue des avis hiérarchiques et accompagnée d'un rapport spécial du chef de corps ou de détachement. Le relevé des punitions et l'état signalétique et des services doivent être joints à la plainte.

Les généraux qui ont qualité pour prononcer la rétrogradation ou la cassation entendent, autant que possible, le gradé

---

(1) Article modifié par le décret du 13 novembre 1911 (B. O., p. 1493).

objet de la plainte, et recueillent tous les renseignements susceptibles de les éclairer.

Les généraux de brigade prononcent la rétrogradation des sous-officiers et la cassation des caporaux fourriers et des caporaux.

Les généraux de division prononcent la cassation des sergents et des sergents-majors.

Le général commandant le corps d'armée prononce la cassation des adjudants.

Les sous-officiers rétrogradés changent de groupe ; dans les groupes formant corps, ils changent d'unité ; lorsqu'ils appartiennent à une unité formant corps, ils changent de corps.

Les sous-officiers et caporaux cassés changent de corps.

La rétrogradation, la cassation des gradés rengagés ou des gradés non rengagés décorés de la Légion d'honneur ou de la médaille militaire, la révocation ou la mise à la retraite d'office des gradés ou soldats commissionnés, sont prononcées d'après les règles ci-après :

Par le Ministre :

Sur l'avis du conseil d'enquête (constitué conformément au décret sur la composition de ces conseils) : adjudants-chefs, chefs armuriers (rétrogradation ou cassation); sous-officiers, caporaux et soldats décorés de la Légion d'honneur ou de la médaille militaire ;

Par le général commandant le corps d'armée :

Sur l'avis du conseil d'enquête : sous-officiers rengagés ou commissionnés ; caporaux rengagés ou commissionnés et soldats commissionnés.

Remise volontaire des grades.

Art. 203. Les autorités qui statuent en matière de rétrogradation ou cassation par mesure de discipline, se prononcent également sur les demandes des gradés tendant, soit à revenir à un grade ou emploi inférieur, soit à faire la remise complète de leur grade. Dans aucun cas, l'application de cette mesure ne comporte la convocation d'un conseil d'enquête ou de discipline.

La plainte du capitaine est remplacée par une demande écrite de l'intéressé, revêtue de l'avis du capitaine et des chefs hiérarchiques.

L'inscription de la *mutation volontaire* est faite sur les livrets.

Art. 204 (1). L'envoi aux sections spéciales, la cassation, la rétrogradation, la remise à la 2ᵉ classe, le renvoi d'un emploi spécial, prononcés en raison d'une faute déterminée, annulent toute punition qui a pu être. infligée pour cette même faute.

Les punitions des soldats et caporaux, supérieures à trois jours de consigne au quartier, et toutes les punitions des sous-officiers sont portées sur le livret matricule.

Les rétrogradations, cassations, renvois de la 1ʳᵉ à la 2ᵉ classe et des emplois spéciaux, révocations, mises à la retraite d'office des commissionnés, envois dans les sections spéciales, sont mis à l'ordre du régiment.

Les dossiers concernant les rétrogradations, cassations, renvois de la 1ʳᵉ à la 2ᵉ classe et des emplois spéciaux, envois dans les sections spéciales sont déposés aux archives du régiment.

Punitions à infliger aux officiers.

Art. 205 (2). Les punitions des officiers sont :

Les avertissements du capitaine, du commandant et du colonel;

Les arrêts simples;

Les arrêts de rigueur;

Les arrêts de forteresse.

Ces punitions sont inscrites au feuillet du personnel de l'officier puni.

L'avertissement du capitaine est donné à l'intéressé en particulier et sans formalité définie.

Les avertissements du commandant et du colonel sont donnés en présence d'un ou plusieurs officiers plus élevés en grade ou plus anciens que l'officier qui encourt cette sanction.

L'officier aux arrêts simples n'est exempt d'aucun service; il est. tenu de garder la chambre sans recevoir personne,

---

(1) Article modifié par le décret du 13 novembre 1911 (*B. O.*, p. 1493).
(2) Nouvelle rédaction. (Décret du 14 mai 1912. *B. O.*, p. 811.)

excepté pour affaires de service; il peut toutefois prendre ses repas au dehors avec l'autorisation du chef de corps.

L'officier aux arrêts de rigueur et aux arrêts de forteresse n'exerce, pendant la durée de sa punition, aucune fonction de son grade; l'officier aux arrêts de rigueur est tenu de garder la chambre sans recevoir personne et d'y prendre ses repas. L'officier qui rompt ses arrêts est puni d'arrêts de forteresse.

Les arrêts de forteresse sont subis dans un bâtiment militaire, désigné par le commandant de corps d'armée. La décision qui inflige les arrêts de forteresse spécifie que l'officier se rendra librement ou non dans le lieu où il doit subir sa punition; dans le second cas, elle indique comment il y sera conduit.

Réprimande des généraux et blâme du Ministre infligés aux officiers.

Art. 206. La réprimande des généraux et le blâme du Ministre constituent des sanctions morales placées en dehors de l'échelle des punitions, qui peuvent, soit faire suite à une punition, soit être prononcées sans qu'une punition préalable ait été infligée.

Elles peuvent être formulées par écrit et, dans ce cas, notifiées à l'intéressé dans la forme qu'indique l'autorité qui les inflige.

Elles sont inscrites au dossier du personnel, mais distinctement des punitions.

Non-activité par suspension ou retrait d'emploi. — Réforme.

Art. 207. Outre les sanctions énoncées dans les articles qui précèdent, les officiers peuvent encourir, par mesure de discipline :

La mise en non-activité par suspension d'emploi ;
La mise en non-activité par retrait d'emploi ;
La réforme.

Les conditions d'application de ces diverses sanctions font l'objet d'une réglementation spéciale.

Durée des punitions à infliger aux officiers.

Art. 208 (1). Dans les corps de troupe, les durées des punitions à infliger aux officiers sont fixées comme il suit :

(1) Nouvelle rédaction. (Décret du 14 mai 1912. B. O., p. 811.)

DÉSIGNATION DES OFFICIERS pouvant prononcer les arrêts.	NATURE ET DURÉE DES ARRÊTS pouvant être infligés.
Lieutenants ou (éventuellement) sous-lieutenants......................	2 jours d'arrêts simples.
Capitaine ou officier supérieur hors de son unité.................... .	4 jours d'arrêts simples.
Capitaine ou officier supérieur dans son unité......................	8 jours d'arrêts simples.
Officier supérieur chef de corps.....	30 jours d'arrêts simples.
Officier général, hors de son commandement.....................	15 jours d'arrêts de rigueur.
Général de brigade, dans l'étendue de son commandement......	30 jours d'arrêts simpl. et de rigueur. 8 jours d'arrêts de forteresse.
Général de division, dans l'étendue de son commandement (artillerie divisionnaire comprise)...........	30 jours d'arrêts simpl. et de rigueur. 15 jours d'arrêts de forteresse.
Général commandant le corps d'armée ds l'étendue de son commandement.	30 jours d'arrêts simples, de rigueur ou de forteresse.

CHAPITRE XXX.

Sanctions disciplinaires spéciales.

Cantiniers et cantinières.

Art. 209. Les cantiniers pourvus de leur emploi en vertu de la loi de recrutement et les cantinières commissionnées par le colonel qui contreviennent aux prescriptions relatives à la tenue et la police des cantines, ou qui débitent des denrées de qualité mauvaise ou insuffisante, ou dont la conduite est répréhensible, peuvent être l'objet des sanctions suivantes :

Les avertissements du colonel ;

L'interdiction de la cantine à la troupe, pour une durée fixée par le colonel et pouvant atteindre trente jours ;

Le retrait de l'emploi, en cas de faute particulièrement grave ou lorsqu'une faute grave suit, à moins d'un an d'intervalle, une première interdiction de la cantine à la troupe.

Le retrait de l'emploi est prononcé :

Par le Ministre, après avis d'un conseil d'enquête composé comme celui des sous-officiers commissionnés, pour les cantiniers pourvus de leur emploi en vertu de la loi de recrutement ;

Par le colonel, pour les cantinières qu'il a commissionnées.

CHAPITRE XXXI.

Dettes.

Sanctions.

Art. 210. Les dettes des militaires, lorsque leur caractère témoigne l'inconduite ou l'oubli de la dignité professionnelle, encourent des remontrances ou des punitions.

Les retenues pour dettes à exercer sur la solde des officiers ne peuvent avoir lieu qu'en vertu d'oppositions juridiques ou de saisies-arrêts, dans les conditions prévues par le règlement sur la solde et les lois en vigueur. Les retenues n'excluent, en aucun cas, l'action des créanciers sur les biens, meubles et immeubles de leurs débiteurs, suivant les règles établies par la loi.

Exceptionnellement, le colonel peut prescrire des retenues sur le traitement des officiers, en cas de non payement des fournitures qui leur sont faites par les maîtres ouvriers du corps ; ces retenues peuvent atteindre le cinquième de la solde nette.

Les créanciers sont sans recours légal sur la solde des hommes de troupe. Toutefois, l'indemnité et les primes d'engagement ou de rengagement des *militaires de tous grades* sont saisissables, en totalité, par voie d'opposition ou de saisie-arrêt.

CHAPITRE XXXII.

Communication de dossiers.

Communications préalables à certaines sanctions disciplinaires.

Art. 211. Le colonel applique comme il est dit ci-après et fait appliquer par ses subordonnés les dispositions de l'article 65 de la loi du 22 avril 1905 relatives aux communications préalables des notes et autres documents composant les dossiers du personnel, aux officiers, sous-officiers, caporaux et soldats susceptibles d'encourir les sanctions disciplinaires suivantes :

Dans l'armée active : Mise en disponibilité, mise à la retraite d'office, réforme, non-activité par retrait ou suspension d'emploi, déplacement d'office, cassation, révocation ou mise à la retraite des commissionnés, rétrogradation, renvoi de la 1re à la 2e classe, envoi aux sections spéciales, résiliation de l'engagement résiliable.

Dans la réserve et l'armée territoriale : révocation, suspension des fonctions, cassation, rétrogradation.

L'intéressé doit émarger le dossier qui lui est communiqué. Il lui est interdit d'en divulguer la teneur et de faire état de la communication qu'il a reçue pour réclamer contre les appréciations de ses supérieurs. Il a toutefois la faculté de demander la rectification des erreurs purement matérielles qui se seraient produites.

L'autorité qui fait la communication veille toujours à ce que les pièces communiquées ne concernent que le militaire intéressé. Lorsque les originaux ne permettent pas l'application de cette règle, il est établi des extraits satisfaisant à la condition exigée.

CHAPITRE XXXIII.

Sanctions n'ayant pas le caractère disciplinaire.

Réglementation spéciale.

Art. 212. Certaines sanctions n'ayant pas le caractère disciplinaire, telles que la mise en non-activité et la réforme pour infirmités temporaires ou incurables, font l'objet de réglementations spéciales.

CHAPITRE XXXIV.

Réclamations.

Prescriptions générales.

Art. 213. Le droit de réclamation est admis pour permettre aux militaires d'exercer, le cas échéant, un recours contre les mesures ou punitions imméritées ou irrégulières.

Les réclamations individuelles sont seules autorisées.

En matière disciplinaire, tout militaire qui croit avoir des motifs fondés de réclamation doit d'abord demander à être entendu du supérieur qui a pris la mesure ou prononcé la punition.

Le supérieur doit écouter la réclamation avec calme et bien veillance, en considérant que, d'une part, cette réclamation peut être fondée, auquel cas il est de son devoir d'y faire droit, et que, d'autre part, lorsqu'elle n'est pas fondée, elle peut résulter de ce que le militaire en cause n'a pas compris la nécessité de la mesure prise ou de la punition infligée.

L'inférieur dont la réclamation n'a pas été admise peut l'adresser, par la voie hiérarchique, à l'une quelconque des autorités supérieures à celles qui ont déjà examiné sa réclamation, mais il doit être prévenu qu'il s'expose ainsi à une sanction disciplinaire. Dans ce cas, le droit de punir est exclusivement réservé à l'autorité à laquelle l'inférieur a demandé que sa réclamation soit transmise.

Les réclamations peuvent être présentées verbalement jusqu'au colonel ; l'intéressé doit demander, par la voie hiérarchique, à être entendu.

Lorsque les réclamations sont adressées à une autorité supérieure au colonel, elles sont présentées par écrit et transmises par la voie hiérarchique.

Aucune réclamation ne peut être retenue par les autorités intermédiaires ; celles-ci ont le devoir, si elles n'y donnent pas elles-mêmes satisfaction, de transmettre la réclamation à l'échelon supérieur et de l'accompagner d'un avis motivé, indiquant les raisons pour lesquelles elles n'ont pas cru devoir y faire droit.

En matière administrative, le militaire qui réclame doit d'abord demander à être entendu par l'autorité qui a pris la mesure, et il est fait droit à cette demande. Si sa réclamation n'est pas admise et qu'il y persiste, il peut l'adresser aux autorités supérieures comme il est dit ci-dessus. Les réclamations contre les mesures administratives et, d'une manière générale, contre les mesures ou sanctions n'ayant pas un caractère disciplinaire n'entraînent pas, en principe, de sanction disciplinaire.

Prescriptions particulières.

Art. 214. Un homme qui réclame en état d'ivresse ne peut être entendu.

Tout militaire recevant l'ordre d'une punition doit d'abord s'y soumettre ; il ne peut réclamer qu'après avoir obéi.

TROISIÈME PARTIE.

ROLE DU HAUT COMMANDEMENT.

TITRE VIII.

Devoirs des officiers généraux.

CHAPITRE XXXV.

Surveillance et contrôle des officiers généraux.

Responsabilité, devoirs généraux.

Art. 215. Les officiers généraux commandant les corps d'armée, divisions et brigades, ont la responsabilité d'ensemble de la discipline, de l'instruction, de l'éducation militaire, de la préparation à la mobilisation, de la tenue, de l'hygiène générale et de l'alimentation des troupes placées sous leurs ordres.

Ils exigent que leurs subordonnés appliquent et fassent appliquer le règlement conformément aux principes qui lui servent de base ; ils leur laissent eux-mêmes l'initiative la plus étendue, inséparable de leur responsabilité.

Ils évitent d'intervenir trop fréquemment dans l'intérieur des corps de troupe. Leur action doit se manifester par une direction générale et par des inspections ayant, avant tout, pour objet de constater les résultats et de se rendre compte des progrès à réaliser ; ces inspections ne doivent, en aucun cas, entraver l'instruction ; elles sont en principe inopinées.

Ils vérifient qu'aux divers échelons du commandement les missions sont toujours nettement définies et que les chefs, tout en prenant les mesures et en établissant les consignes appropriées aux circonstances locales, ne limitent pas par des instructions permanentes et contrairement à l'esprit du règlement l'initiative de leurs subordonnés et la responsabilité qui en est la conséquence.

Les officiers généraux veillent à ce que les sanctions disciplinaires soient appliquées conformément aux principes et aux règles énoncés à l'article 188.

Ils s'assurent que, dans les troupes placées sous leurs ordres, nul n'est distrait sans motifs valables de son service normal ; ils constatent ces motifs et la durée de leur validité.

Ils s'attachent à faire restreindre le personnel des corps de troupe employé à des services extérieurs et facilitent aux chefs dont relève normalement ce personnel, les moyens de le maintenir sous leur surveillance et leur autorité.

Notes des officiers.

Art. 216. Ils exigent que leurs subordonnés se conforment strictement, en ce qui concerne la rédaction des notes, aux prescriptions de l'article 16 et fassent ressortir dans ces notes tout ce qui permet d'apprécier l'aptitude des officiers au service de guerre et de différencier équitablement leurs titres à l'avancement et aux diverses récompenses.

Rapports et situations.

Art. 217. Les officiers généraux s'assurent que les demandes, comptes rendus, rapports et autres documents prévus par les règlements et dont ils doivent connaître leur sont régulièrement adressés ; ils s'abstiennent, à moins de cas de force majeure, de faire fournir par leurs subordonnés des documents dont la production n'est pas réglementaire.

Ils exigent que toutes les autorités sous leurs ordres observent cette même prescription.

QUATRIÈME PARTIE.

DISPOSITIONS PARTICULIÈRES AUX DIVERSES ARMES.

TITRE IX.

Troupes métropolitaines.

CHAPITRE XXXVI.

Infanterie.

Unité hors rang.

Art. 218. En cas de fractionnement du régiment, l'unité hors rang, dénommée *section hors rang*, est scindée, en principe, en deux parties ; le commandement de ces deux fractions est organisé par le colonel, en conformité des règlements et instructions en vigueur.

Personnel employé à l'entretien du matériel des équipages régimentaires.

Art. 219. Le colonel désigne, d'après les affectations de mobilisation, le personnel chargé, en temps de paix, de l'entretien des équipages régimentaires ; il donne à ce personnel les instructions nécessaires pour la bonne exécution de son service.

Chevaux et écuries.

Art. 220. Le colonel est responsable de la bonne tenue des écuries, de l'emploi judicieux des chevaux, de la régularité de leur alimentation et des soins qui leur sont donnés.

Il donne des instructions au commandant de service pour assurer les détails de la surveillance, principalement en ce qui concerne la vérification et la distribution des denrées d'alimentation, le pansage et l'abreuvement des chevaux, l'entretien de la ferrure, l'emploi des soldats ordonnances au service des écuries.

CHAPITRE XXXVII.

Génie.

Composition des unités.

Art. 221. Les différentes unités du génie sont constituées conformément à la loi des cadres ou font l'objet de réglementations spéciales appropriées aux besoins.

Maîtres ouvriers.

Art. 222. Les compagnies de sapeurs mineurs, d'aérostiers et de chemins de fer comprennent des maîtres ouvriers dont l'effectif est fixé par la loi des cadres.

Les maîtres ouvriers sont nommés par les chefs de corps et recrutés, dans chaque compagnie, parmi les meilleurs sujets ayant six mois de service.

En l'absence du caporal, ils exercent le commandement sur les sapeurs.

Ils peuvent suppléer les caporaux pour le service de garde ou tout autre service.

Chevaux et écuries.

Art. 223. Le colonel prend, sous sa responsabilité, les mesures d'ensemble nécessaires en ce qui concerne le service des écuries, l'alimentation des chevaux et les soins à leur donner ; dans les compagnies de sapeurs conducteurs, il fait exécuter ce service conformément aux principes prescrits pour les armes montées.

Dans les compagnies ou bataillons détachés, les chefs de détachement assurent le service d'après les mêmes principes.

Commandement et administration.

Art. 224. En principe, les colonels commandant les régiments administrent toutes les unités entrant dans la composition de leur régiment, que ces unités soient présentes à la portion centrale ou détachées. Ils ne commandent que les unités présentes à la portion centrale.

Sauf instructions contraires :

1° Les commandants des bataillons détachés dépendent, pour l'administration, du régiment auquel le bataillon est rattaché. Ils n'en relèvent pas pour tout ce qui concerne la police, la discipline, les nominations et promotions, et ont, en ce qui concerne le commandement, toutes les attributions dévolues à un chef de corps. Ils dépendent du général commandant le génie de leur région ;

2° Les compagnies détachées isolément dans les places fortes ou dans certaines régions désignées par l'autorité supérieure ne relèvent, à aucun point de vue, du bataillon dont elles font partie. Les directeurs du génie exercent, sur ces compagnies, l'autorité d'un chef de corps.

Droit de punir dans les directions, chefferies et établissements du génie.

Art. 225. Le droit de punir est exercé, dans les directions, chefferies et établissements du génie, conformément aux principes indiqués à l'article 188.

Les directeurs ont les droits du colonel ; les chefs du génie et les chefs d'établissement ont les droits du commandant de groupe ; les chefs de chantier ont les droits du commandant d'unité.

CHAPITRE XXXVIII.

Cavalerie.

Hiérarchie des hommes de troupe dans la cavalerie.

Art. 226. La hiérarchie des hommes de troupe, dans la cavalerie, est la suivante :

Cavalier de 1re classe ;
Brigadier ;
Brigadier fourrier ;
Maréchal des logis, maréchal des logis fourrier ;
Maréchal des logis chef ;
Aspirant ;
Adjudant ;
Adjudant-chef.

Distributions de fourrages.

Art. 227. Les commandants d'unité font, à chaque distribution de fourrages, au magasin et avant l'enlèvement, la reconnaissance des denrées destinées à leur unité.

Personnel employé à l'entretien du matériel des équipages régimentaires.

Art. 228. Le colonel désigne d'après les affectations de mobilisation le personnel chargé, en temps de paix, du matériel des équipages régimentaires ; il donne à ce personnel les instructions nécessaires pour la bonne exécution de son service.

CHAPITRE XXXIX.
Artillerie.

————

Composition des unités.

Art. 229. Les différentes unités de l'artillerie sont constituées conformément à la loi ou font l'objet de réglementations spéciales appropriées aux besoins.

Compagnies et sections d'ouvriers d'artillerie.

Art. 230. L'organisation détaillée des compagnies et sections d'ouvriers d'artillerie, le mode d'emploi, le commandement et l'avancement de leur personnel font l'objet d'instructions spéciales.

Hiérarchie des hommes de troupe dans l'artillerie.

Art. 231. La hiérarchie des hommes de troupe, dans l'artillerie, est la suivante :

Canonnier ou ouvrier de 1re classe ;

Maître pointeur ; maître ouvrier ;

Brigadier ;

Maréchal des logis, maréchal des logis fourrier, maréchal des logis mécanicien ;

Maréchal des logis chef, maréchal des logis chef mécanicien ;

Aspirant ;

Adjudant, adjudant maréchal ferrant ;

Adjudant-chef.

Ouvriers de batterie.

Art. 232. Les ouvriers de batterie sont choisis parmi les canonniers dont la capacité est constatée par un certificat du directeur d'un établissement d'artillerie.

Lorsque le service de la batterie ou du régiment le permet, ils sont employés aux travaux de leur spécialité dans les établissements d'artillerie de la garnison.

Maîtres pointeurs; maîtres ouvriers.

Art. 233. Les maîtres pointeurs' et les maîtres ouvriers sont recrutés parmi les meilleurs servants ou ouvriers ayant au moins six mois de service.

Ils peuvent suppléer les brigadiers pour le service de garde ou tout autre service.

Maréchaux des logis mécaniciens.

Art. 234. Les maréchaux des logis chefs mécaniciens sont nommés par le Ministre.

Adjudant maréchal ferrant.

Art. 235. Les fonctions de sous-officier chargé de l'infirmerie vétérinaire, définies par l'article 122, sont remplies dans l'artillerie par l'adjudant maréchal ferrant.

Attributions des officiers supérieurs commandant des batteries non soumises à l'autorité du colonel.

Art. 236. Les droits et les devoirs du colonel sont attribués, dans les conditions indiquées par le titre Ier, à l'officier supérieur commandant des batteries non soumises à l'autorité du colonel du régiment auquel elles comptent.

Sont compris dans cette catégorie :

Les lieutenants-colonels commandant une fraction de régiment d'artillerie à pied ;

Les chefs d'escadron commandant un groupe d'artillerie à cheval ou certains groupes désignés par le Ministre.

Organisation des différents services.

Art. 237. Des instructions spéciales déterminent dans quelles conditions les officiers visés à l'article 23, et en particulier les officiers affectés aux unités ou groupes de renforcement, participent aux différents services.

Droit de punir dans les établissements de l'artillerie.

Art. 237 *bis* (1). Le droit de punir est exercé dans les établissements de l'artillerie, conformément aux dispositions suivantes :

Les punitions des officiers ne peuvent être prononcées que par le chef de l'établissement; celles des hommes de troupe sont prononcées par le chef de l'établissement, les sous-directeurs et les chefs des différents services.

Les chefs d'établissement ont, en matière de punition, les droits du colonel; les sous-directeurs, ceux du commandant de groupe; les chefs de service, ceux du commandant d'unité.

Dans les commissions présidées par un officier général, les droits du colonel, en ce qui concerne les punitions des hommes de troupe, sont attribués à l'officier supérieur le plus ancien.

Le droit de punir est exercé par les autorités susvisées à l'égard des militaires mis d'une manière permanente à leur disposition.

CHAPITRE XL.

Trains des équipages militaires.

Composition des escadrons et compagnies.

Art. 238. Les escadrons du train des équipages sont constitués en compagnies, conformément à la loi des cadres ou à des réglementations spéciales appropriées aux besoins.

Hiérarchie des hommes de troupe dans le train des équipages militaires.

Art. 239. La hiérarchie des hommes de troupe, dans le train des équipages militaires, est la suivante :

Conducteur de 1re classe ;
Brigadier ;
Brigadier fourrier ;
Maréchal des logis, maréchal des logis fourrier ;
Maréchal des logis chef ;
Aspirant ;
Adjudant ;
Adjudant-chef.

Adjudant à la disposition du capitaine-major.

Art. 240. Un adjudant de compagnie est mis à la disposition

(1) Article nouveau. (Décret du 6 mai 1911, *B. O.*, p. 567.)

du capitaine-major pour la tenue des documents de mobilisation.

CHAPITRE XLI.

Sections formant corps.

Principes d'organisation.

Art. 241. Chaque section de secrétaires d'état-major et du recrutement, de commis et ouvriers militaires d'administration ou d'infirmiers militaires forme un corps distinct, tant pour l'administration que pour le commandement. La hiérarchie des hommes de troupe y est la même que celle des corps de troupe d'infanterie. Toutefois, dans la deuxième catégorie (recrutement des sections de secrétaires d'état-major et du recrutement), le grade de caporal n'existe pas.

Les prescriptions générales du présent décret sont applicables aux sections formant corps, en tout ce qui n'est pas contraire aux dispositions ci-après.

Correspondances d'attributions.

Art. 242. Les correspondances d'attributions et de responsabilités sont indiquées par le tableau ci-après, sous réserve des attributions conférées par l'article 244 au Ministre de la guerre et aux commandants supérieurs des sections.

	SECRÉTAIRES D'ÉTAT-MAJOR et du recrutement.	COMMIS ET OUVRIERS MILITAIRES d'administration.	INFIRMIERS MILITAIRES.
Commandant d'unité.	Capitaine adjoint au commandant du bureau de recrutement du chef-lieu de région (1).	Officier d'administration de 1re classe commandant la section.	Officier d'administration de 1re classe commandant la section.
Chef de corps.	Commandant du bureau de recrutement du chef-lieu de région (1).	Sous-intendant militaire désigné par le général commandant le corps d'armée.	Médecin chef désigné par le général commandant le corps d'armée.

(1) Dans le 19e corps d'armée : « du bureau de recrutement d'Alger »; dans le gouvernement militaire de Paris : « du bureau spécial de mobilisation et de recrutement de la Seine ».

Commandement supérieur.

Art. 243. Le commandement supérieur appartient, dans les sections de secrétaires d'état-major et du recrutement, au général commandant le corps d'armée ou, par délégation, au chef d'état-major du corps d'armée ; dans les sections de commis et ouvriers militaires d'administration, au directeur de l'intendance ; dans les sections d'infirmiers militaires, au directeur du service de santé.

Nominations.

Art. 244. Sur la proposition des différentes autorités ci-dessus désignées, et d'après un tableau d'avancement établi par lui et publié au *Journal officiel* de la République française, le Ministre de la guerre nomme aux emplois d'adjudant dans les sections de secrétaires d'état-major et du recrutement ou d'infirmiers, et à ceux d'adjudant et de sergent-major dans les sections de commis et ouvriers militaires d'administration.

Le passage à la 1re classe, ainsi que les nominations à tous les autres grades ou emplois, le passage d'une catégorie dans une autre, lorsqu'il y a lieu, le renvoi, la cassation et la rétrogradation sont prononcés ou proposés, dans les formes réglementaires, par les autorités chargées du commandement supérieur, mentionnées à l'article 243 ci-dessus, en tenant compte des prescriptions particulières aux différentes sections.

Détachements. — Droit de punir.

Art. 245. Les commandants de section exercent, sur les détachements, l'action que les règlements attribuent aux commandants d'unité sur les détachements de leur unité, sous réserve des prescriptions suivantes :

En ce qui concerne la police et la discipline à l'intérieur des bureaux, établissements et hôpitaux, les attributions et responsabilités conférées par le présent règlement aux chefs de détachement appartiennent aux officiers, fonctionnaires de l'intendance, médecins militaires, chefs de bureau, gestionnaires et gérants d'annexe à l'égard des militaires employés d'une façon permanente ou temporaire sous leurs ordres ; à l'intérieur des hôpitaux, les mêmes attributions et responsabilités appartiennent aux médecins chefs à l'égard des hommes de troupe en traitement.

L'officier supérieur, fonctionnaire de l'intendance, ou médecin militaire ayant les attributions de chef de corps pour la section, peut déléguer à des sous-officiers remplissant les fonctions de chef de bureau ou de gérant d'annexe tout ou partie du droit de punir attribué aux commandants d'unité.

Dans les localités autres que celles où se trouve la portion centrale de la section, et en dehors des cas de mise en subsistance prévus à l'alinéa ci-après, les chefs de détachement de cette section sont responsables de la police et de la discipline en dehors des bureaux, établissements et hôpitaux, en ce qui concerne le personnel de la section. L'officier, fonctionnaire de l'intendance ou médecin militaire, qui a sous ses ordres le chef de détachement a, dans ce cas, à l'égard du même personnel, en ce qui concerne spécialement la discipline, la responsabilité incombant au chef de corps à la portion centrale de la section ; à cet effet, le général commandant le corps d'armée délègue, s'il est nécessaire, à cet officier, fonctionnaire ou médecin militaire, tout ou partie du droit de punir et du droit de modifier les punitions qui appartiennent normalement au chef de corps.

Lorsque des militaires d'une section sont en subsistance dans un corps de troupe d'une garnison, la responsabilité de la police et de la discipline en dehors des bureaux, établissements et hôpitaux, appartient à ce corps de troupe.

En ce qui concerne l'administration du personnel des sections, les chefs de détachement doivent déférer à toutes les demandes, avis et recommandations du commandant de section et lui prêter constamment leur concours.

CHAPITRE XLII.

Gendarmerie.

Dispositions spéciales à la gendarmerie.

Art. 246. Le présent décret ne s'applique pas à la gendarmerie ; le service intérieur de cette arme fait l'objet d'une réglementation spéciale.

TITRE X.

Troupes coloniales.

CHAPITRE XLIII.

Dispositions spéciales aux troupes coloniales.

Conditions d'application du règlement.

Art. 247. Le présent règlement s'applique aux troupes colo-niales, tant en France qu'aux colonies, pour tout ce qui ne fait pas l'objet d'instructions ministérielles ou de règlements spéciaux à ces troupes.

DISPOSITIONS GÉNÉRALES.

Abrogation des règlements antérieurs.

Art. 248. Sauf en ce qui concerne la gendarmerie, sont abro-gés les décrets et règlements antérieurs sur le service intérieur des diverses armes et toutes autres dispositions contraires au présent décret.

Le Ministre de la guerre est chargé de l'exécution du présent décret.

MODÈLES

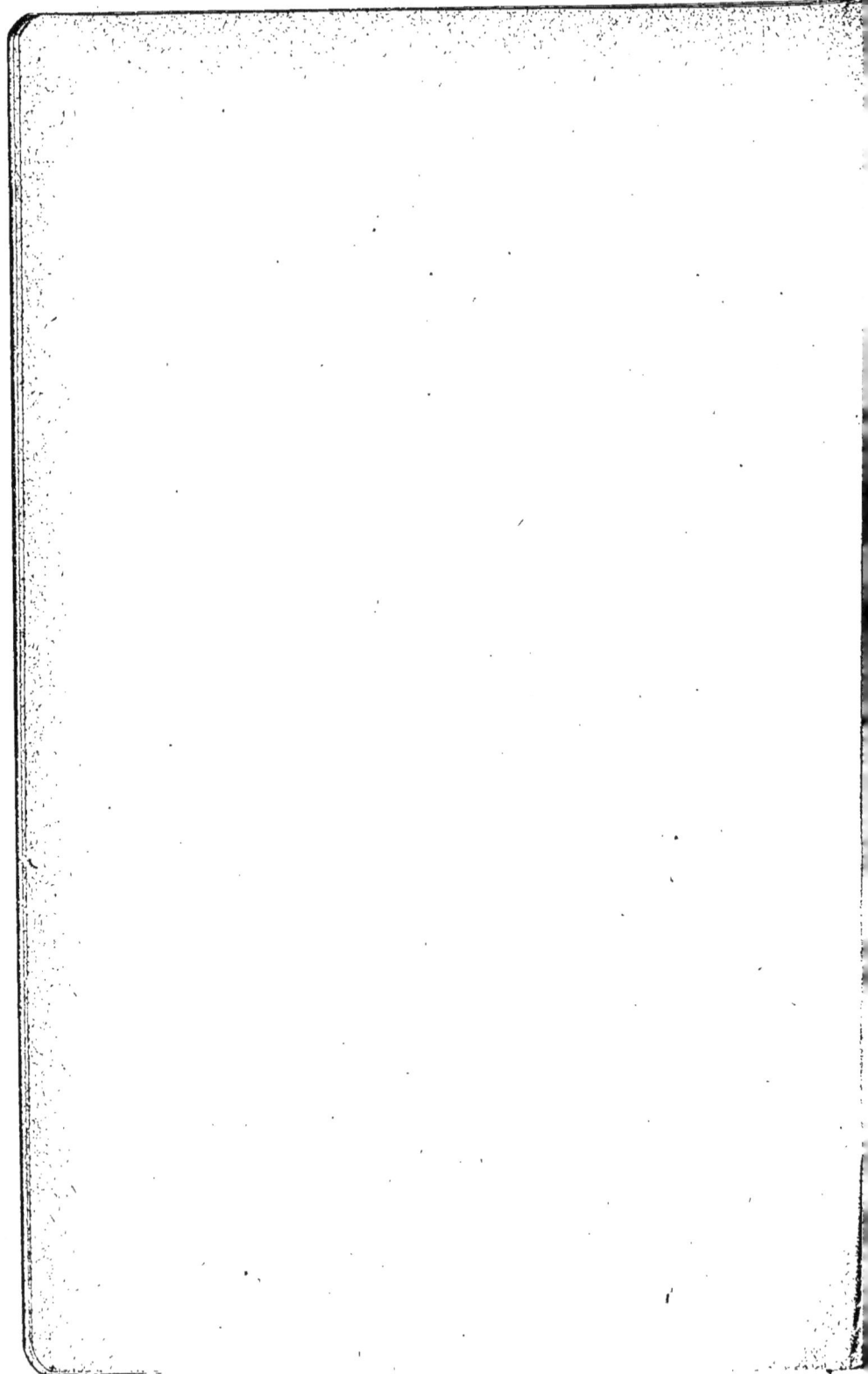

FORMAT :
Papier écolier, 31×20

Dési-
gnation { du corps :
{ de l'unité :

MODÈLE N° 1.
—
Art. 18 du Règlement
du 25 mai 1910.

SITUATION-RAPPORT du

DÉSIGNATION des GRADES. (Etablir cette colonne suivant l'arme ou la subdivision d'arme.)	PRÉSENTS (1).									ABSENTS (1).							EFFECTIF TOTAL DES PRÉSENTS ET DES ABSENTS.
	Sous les armes.	Non disponibles.							TOTAL DES PRÉSENTS.	En congé		À l'hôpital.	En jugement ou en détention	Absence illég. ou manq. à l'appel	Détachés.	Autres positions d'absence.	TOTAL DES ABSENTS.	
		À l'infirmerie.	Malades à la chambre.	employés du corps.	hors du corps, l'porman.	Recrues.	En prison.	En cellule.		En permission.	de convalescence. à tout autre titre.							
Officiers (2).																		
TOTAL des officiers.																		
Troupe (3).																		
Service armé......																		
Service auxiliaire..																		
TOTAL......																		
Réservistes.......																		
Territoriaux.																		
TOTAL de la troupe.																		

CHEVAUX.	PRÉSENTS (1).					ABSENTS (1).							OBSERVATIONS.
	Disponibles.	Non disponibles.			TOTAL. DES PRÉSENTS.	En subsistance dans d'autres portions du corps.	Détachés		TOTAL DES ABSENTS.	EFFECTIF TOTAL.	SUBSISTANTS DU CORPS.	
		Indisponibles.	À l'infirmerie.	Remonte (de moins de 5 ans) (de 5 ans et au des.)			à titre exceptionnel.	à titre permanent.				
Appartenant aux officiers...........												
A l'Etat. { d'officier... { de selle.... { de trait lég'. { de trait....												
Mulets............												
TOTAUX....												
Subsistants d'autres corps...........												
Poul. nés au corps												

(1) Ajouter les colonnes nécessaires suivant les besoins. — (2) Détailler les grades,
une ligne pour chaque grade. — (3) Détailler les grades, une ligne pour chacune des
catégories de soldats (1re classe, 2e classe, service auxiliaire).

Désignation de {
  l'unité....... {

PUNITIONS.

NOMS ET MOTIFS.	ANNOTATION DU COMMANDANT (ou modification de la punition, s'il y a lieu.)	DÉCISION DU CHEF DE CORPS.
X..., 4 jours de consigne au quartier. Libellé : Punition demandée par		

DEMANDES.

OBJET.	AVIS DU COMMANDANT.	DÉCISION DU CHEF DE CORPS.

OBJETS DIVERS.

(Mentionner dans cette partie les noms et grades et les motifs d'absence ou d'indisponibilité des officiers absents ou indisponibles.)

A   , le   19 .

Le Capitaine (1)

(1) Nom très lisible.

D ARMÉE.

° DIVISION.

° BRIGADE.

° Régiment.

RAPPORT JOURNALIER
du   au   19 .

MODÈLE N° 2.

Art. 18 du règlement
du 25 mai 1910.

Format : 31 × 20.

1° Situation numérique.

DÉSIGNA-TION PAR GARNISON des fractions du corps.	OFFICIERS					TROUPE.					CHEVAUX.					
	PRÉSENTS.			ABSENTS.	EFFECTIF total.	PRÉSENTS.			ABSENTS.	EFFECTIF total.	D'OFFICIERS			DE TROUPE.		
	Sous les armes.	Indisponi-bles.	Total.			Sous les armes.	Indisponi-bles.	Total.			Présents.	Absents.	Total.	Présents.	Absents.	Total.

2° Indisponibles.

DÉSIGNA-TION PAR GARNISON des fractions du corps.	OFFICIERS (1).					TROUPE (1).								
	Malades à la chambre.	Aux arrêts.	Aux arrêts de rigueur.	Employés.	TOTAL.	A l'infir-merie.	Malados à la chambre.	Recrues.	Employés.	Arrêts de rigueur (s.-off.)	En prison.	En cellule.		TOTAL.

3° Absents.

DÉSIGNA-TION PAR GARNISON des fractions du corps.	OFFICIERS (1).								TROUPE (1).								
	En permission.	En congé de conval.	En congé à tout autre titre.	Aux hôpitaux.	En jugement, en détention ou à la prison militaire	En absence illég.	Non arrivés.	En miss. ou dét.	TOTAL.	En permission.	En congé de conval.	En congé à tout autre titre.	Aux hôpit. du lieu	Aux hôpit. ext.	En jugement, en détention ou à la prison militaire	Déserteurs.	Manq. à l'appel.	En subsistance à d'autres corps.	En miss. ou dét.	TOTAL.

(1) Ajouter les colonnes nécessaires suivant les besoins.

4º Fourni à la place ou à d'autres services extérieurs.

DÉSIGNATION DES SERVICES.	OFFICIERS.	SOUS-OFFICIERS.	CAPORAUX.	TAMBOURS ET CLAIRONS.	SOLDATS.	TOTAL du personnel	CHEVAUX.	VOITURES diverses.	OBSER-VATIONS.
Totaux........									

5º Etat nominatif des officiers devenus indisponibles, entrant en position d'absence, cessant d'être indisponibles, rentrant de position d'absence (au corps ou dans les divers détachements).

6º Punitions supérieures à huit jours de prison pour les soldats et caporaux et punitions d'arrêts de rigueur pour les sous-officiers.

———

7º Récépissé des pièces.

Réponse au rapport du 19 *et pièces y énoncées.*

———

8ª Envoi des pièces.

———

NUMÉRO d'ordre.	DÉSIGNATION.	NOMBRE de pièces.

9° **Mouvements exécutés par le corps
ou par ses détachements.**

———

10° **Demandes.**

———

11° **Evénements et objets divers.**

———

12° **Instruction.**

———

A   , le   19 .

Le Colonel (1),

———

(1) Nom très lisible.

Modèle n° 3.

Art. 26 du règlement
du 25 mai 1910.

FORMAT :
Papier écolier 31 × 20.

Désignation du corps
ou service........

SERVICE DE SANTÉ

RAPPORT du   *au*   19

MOUVEMENT DES MALADES.	GENRE DE MALADIE.			NOMS des ENTRANTS et des SORTANTS.
	Fiévreux.	Blessés	Autres affections.	
1° Aux hôpitaux. Restants de la veille...				
Entrés..............				
Totaux.......				
Sortis..............				
Décédés............				
Totaux.......				
Restants après la visite.				
Total........				
2° A l'infirmerie. Restants de la veille...				
Entrés..............				
Totaux.......				
Sortis..............				
Restants après la visite.				
Total........				NON RECONNUS MALADES.
3° A la chambre. Unité hors rang......				
1re................				
2°................				
3°................				
Totaux......				
Total........				

OFFICIERS MALADES A LA CHAMBRE.

COMPTE RENDU DE LA VISITE A L'HOPITAL.

DEMANDES, OBSERVATIONS ET RENSEIGNEMENTS.

Médecin de service du   au   19   .

M.

A   , le   19   .

Le Médecin-Major .....(1), *Chef de service,*

(1) Grade et nom très lisibles.

Modèle n° 4.

Désignation du corps
ou service........

Art. 27 du règlement
du 25 mai 1910.

FORMAT :
Papier écolier 31 × 20.

SERVICE VÉTÉRINAIRE

RAPPORT journalier sur l'état sanitaire des chevaux
du   *au*   19 .

MALADIES.	OFFICIERS.	PETIT ÉTAT-MAJOR.	ANIMAUX A L'INFIRMERIE.								TOTAUX.
Maladies { contagieuses ou infectieuses............											
Maladies de l'appareil { digestif.....											
respiratoire.											
locomoteur .											
des autres appareils.											
cutanées............											
Blessures.{ diverses											
de harnachement											
Affections externes diverses											
Totaux.......											
Indisponibles											

MUTATIONS.

A. — CHEVAUX DE TROUPE.		B. — CHEVAUX D'OFFICIERS.	
MALADES.	INDISPONIBLES.	NOMS DES OFFICIERS.	MOTIFS.
		Malades.	
		Indisponibles.	

Nota. — Les sorties des chevaux malades devenus disponibles se mettent à la
suite des entrées.

OBSERVATIONS ET RENSEIGNEMENTS.

DEMANDES ET PUNITIONS.

Vétérinaire de service du   au   19

M

A   le   19   .

Le *Vétérinaire*..... (1), *chef de service,*

(1) Grade et nom très lisibles.

GOUVERNEMENT
MILITAIRE
ou
CORPS D'ARMÉE.
—

* DIVISION.
—

* BRIGADE.
—

* CORPS OU SERVICE.

OBJET.
—
Au sujet de (1)

MODÈLE N° 5.
—

Art. 75 du règlement
du 25 mai 1910.

Habituellement, format
papier écolier 31 × 20.

Feuille simple lorsqu'elle
suffit pour le texte et
qu'aucune pièce n'est
encartée dans l'envoi.

A   , le   19   .

Le (2)   commandant
le (3)
au (4)
à

(1) Indiquer sommaire-
ment l'objet de la lettre.
(2) Indiquer le grade et
le nom.
(3) Indiquer l'unité com-
mandée.
(4) Indiquer le grade et
l'emploi. Si la lettre est
adressée au Ministre, ajouter l'indication de la direction et du bureau dont
relève l'affaire traitée.
(5) Cette formule est placée soit au début, soit dans
le corps de la lettre.

J'ai l'honneur (5)

(Signature, sans indiquer le grade.)

GOUVERNEMENT

MILITAIRE

ou

CORPS D'ARMÉE.

* DIVISION.

—

* BRIGADE.

* CORPS OU SERVICE.

MODÈLE Nº 6.

—

Art. 75 du règlement
du 25 mai 1910.

Habituellement, format
papier écolier 31 $\times$ 20.

Feuille simple lorsqu'elle
suffit pour le texte et
qu'aucune pièce n'est
encartée dans l'envoi.

OBJET.

—

Au sujet de (1)

A   , le   19 .

RAPPORT

du (2)

sur (3)

(1) Indication succincte
de l'objet du rapport.
(2) Indiquer le grade, le
nom et l'unité commandée.
(3) Indication succincte
du fait pour lequel le rapport est rédigé.
(4) Indiquer la date et
xposer sommairement les
faits.

NOTA. — Les avis des
chefs hiérarchiques sont
consignés, s'il y a lieu, à la
suite du rapport. Le nom
du chef qui consigne un
avis est mentionné en tête
de cet avis.

—

Le (4)

(Signature, sans indiquer le grade.)

GOUVERNEMENT
MILITAIRE
ou
CORPS D'ARMÉE.

—

e DIVISION.

—

° BRIGADE.

—

° CORPS OU SERVICE.

(1) Indiquer le grade et le nom.
(2) Indiquer l'unité commandée.
(3) Indiquer le grade et l'emploi.

MODÈLE N° 7.

—

Art. 75 du règlement du 25 mai 1910.

FORMAT :

Autant que possible, le même que celui des documents contenus dans le bordereau.

Le (1)

le (2)   au (3)

BORDEREAU D'ENVOI (1).

NUMÉROS des pièces.	DÉSIGNATION DES PIÈCES.	NOMBRE de pièces.	OBSERVATIONS.
	TOTAL du nombre de pièces.		

A   , le   19   .

(Signature, sans indiquer le grade.)

Reçu à   , le   19   .

Le (grade et nom très lisibles.)

(Signature.)

(1) S'emploie pour toutes les transmissions de pièces et documents au sujet desquels l'expéditeur n'a pas d'avis à émettre ; il doit former chemise.

Modèle n° 8.
—
Art. 108 du règlement
du 25 mai 1910.

Format : 31 × 20.

SERVICE DE SANTÉ.

Désignation $\begin{cases} \text{du corps...} \\ \text{de l'unité...} \end{cases}$

CAHIER DE VISITE.

DATES.	NUMÉROS matricules.	NOMS (A).	GRADES	RENSEIGNEMENTS donnés. par le capitaine (B).	PRESCRIPTIONS et renseignements du médecin.

(A) Noms des hommes malades, des hommes rentrés la veille des hôpitaux ou d'une position d'absence quelconque, des hommes nouvellement incorporés, des hommes quittant le corps momentanément ou définitivement.
(B) Le capitaine indique dans cette colonne les renseignements de nature à éclairer le médecin, tels que : rentrants de permission, sortants de l'hôpital, de prison, punis, etc.

Modèle n° 9.
—
Art. 123 du règlement.
du 25 mai 1910.

Format : 31 × 20.

SERVICE VÉTÉRINAIRE.

Désignation $\left\{\begin{array}{l} \text{du corps...} \\ \text{de l'unité...} \end{array}\right.$

CAHIER DE VISITE.

— 150 —

NUMÉROS matricules.	NOMS.	RENSEI- GNEMENTS donnés PAR L'UNITÉ.	INDISPONIBLES.	EN TRAITEMENT.	DISPONIBLES.	A L'INFIRMERIE.	DIAGNOSTIC et observations du vétérinaire.
		Visite du				19 .	

Le Vétérinaire,

		Visite du				19 .	

MODÈLE N° 10.

Art. 149 du règlement
du 25 mai 1910.

FORMAT : 26 × 18.

Désignation } (1)
du corps. }

COMMISSION DE VAGUEMESTRE

Le (grade, nom et prénoms)   (numéro
matricule   ), remplira les fonctions de vaguemestre à
partir du   , en se conformant au règlement sur le service intérieur des corps de troupe et aux lois
et instructions sur le service des postes et télégraphes.

Fait en double expédition.

A   , le   19 .

Le Colonel (1)

---

(1) Dans le cas d'un détachement, en faire la mention après celle du
corps et remplacer la signature du colonel par celle du chef de détachement.

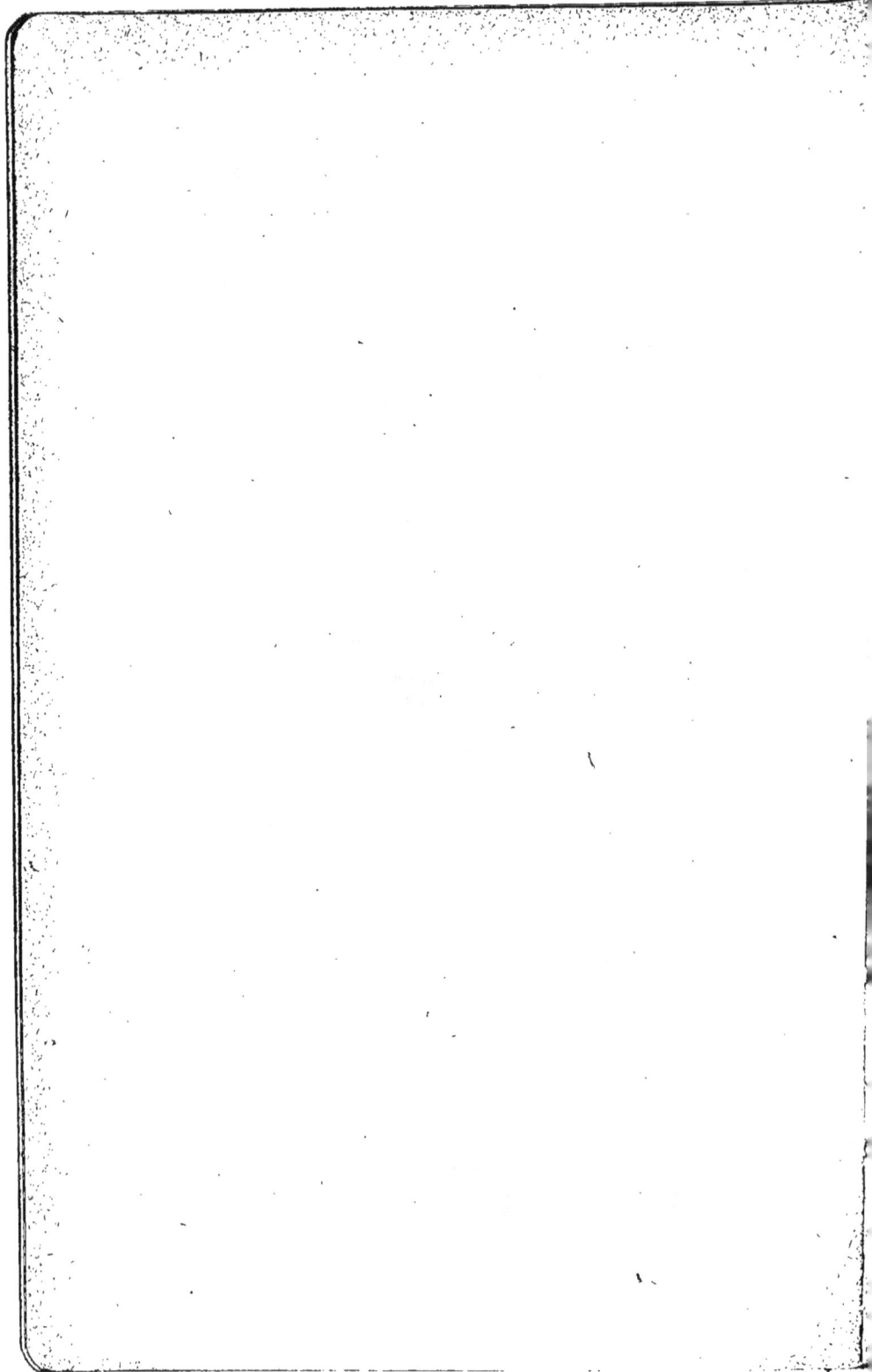

Modèle N° 11.

Art. 155 du règlement
du 25 mai 1910.

FORMAT : 26 × 18.

Désignation ⎰
du corps.. ⎱

REGISTRE DU VAGUEMESTRE.

TENUE ET VÉRIFICATION DU REGISTRE.

Le registre du vaguemestre se divise en deux parties.

PREMIÈRE PARTIE.

Le *tableau de gauche* sert à l'inscription des mandats et bons de poste
que les militaires remettent au vaguemestre pour que celui-ci en fasse
la perception à la poste. Le vaguemestre y fait ou y fait faire, dans l'ordre des colonnes, les inscriptions et signatures mentionnées dans les
en-têtes. Les militaires signent *lisiblement* dans la 4° colonne au moment où ils font la remise du mandat ou bon de poste au vaguemestre.

Le *tableau de droite* sert à constater :

1° La remise que le bureau de poste fait au vaguemestre des chargements, lettres ou objets recommandés et des sommes payées au titre
des mandats ou bons de poste adressés aux militaires.

Cette remise est constatée par l'apposition de la signature du receveur dans la 3° colonne;

2° Les acquits des militaires destinataires pour les chargements, lettres ou objets recommandés reçus ou pour les sommes payées ; ces
acquits sont constatés par la signature *lisible* des destinataires dans la
5° colonne ;

3° Les reçus des receveurs pour les objets non distribués que leur
remettent les vaguemestres.

DEUXIÈME PARTIE.

La deuxième partie sert à l'inscription des remises par les militaires
aux vaguemestres des lettres à charger ou à recommander, ou des
sommes que ces militaires font expédier par mandat ou bon de poste
par l'intermédiaire du vaguemestre. Les militaires expéditeurs signent
deux fois au registre : lorsqu'ils font la remise au vaguemestre des
lettres à charger ou à recommander ou des sommes à expédier, et lorsqu'ils reçoivent de lui les bulletins, mandats ou bons de poste délivrés
par le receveur.

Les trois quarts du registre sont destinés à la première partie et
l'autre quart à la deuxième.

VÉRIFICATION DU MAJOR.

Le major signe le registre à la date de chacune des vérifications auxquelles il procède.

PREMIÈRE

SOMMES, LETTRES ET OBJETS CHARGÉS OU RECOMMANDÉS

MANDATS ET BONS DE POSTE
REMIS PAR LES MILITAIRES AU VAGUEMESTRE POUR ÊTRE TOUCHÉS
DANS LES BUREAUX DE POSTE.

Numéros des mandats ou bons de poste.	Dates.	N° d'ordre des remises.	Signatures des militaires auxquels les mandats ou bons de poste sont adressés.	Numéro matricule.	Bureaux d'origine.	Dates des remises faites au vaguemestre.

SECONDE

CHARGEMENTS A FAIRE

REMISE PAR LES ENVOYEURS DES LETTRES OU OBJETS A CHAR-
OU DES SOMMES A DÉPOSER POUR LA DÉLIVRANCE DES MANDATS

Numéros d'enregistre-	Dates de la remise au vaguemestre.	Envoyeurs.	Objets ou sommes remis au vaguemestre.	Destination.

PARTIE.

A RETIRER DES BUREAUX DES POSTES ET TÉLÉGRAPHES.

REMISE DES CHARGEMENTS ET PAYEMENT DES MANDATS OU BONS DE POSTE par les bureaux des postes et télégraphes.			ACQUITS DES MILITAIRES destinataires.		REÇUS DES RECEVEURS pour les objets non distribués.
Dates des opérations.	Objets.	Désignation des bureaux et signatures des receveurs.	Dates.	Signa- tures.	

PARTIE.

PAR LE VAGUEMESTRE.

CHARGER OU A RECOMMANDER OU BONS DE POSTE.		REMISE DES BULLETINS OU DES MANDATS ou bons de poste délivrés par les receveurs	
Dates des charge- ments.	Bureaux où les chargements et dépôts ont été faits.	Dates.	Signatures des envoyeurs.

Le   VÉRIFIÉ :

Le Major,

e CORPS D'ARMÉE.

MODÈLE N° 12.

NOTA. — Cette pièce, en cas de perte, ne peut être remplacée par duplicata.

(1) Grade, nom et prénoms sur lignes grisées, et numéro matricule du militaire.

Art. 179 du règlement du 25 mai 1910.

FORMAT : 31 × 20.

Désignation { du corps. {

CERTIFICAT DE BONNE CONDUITE.

La commission spéciale du corps,

Certifie que le (1) ▬▬▬▬▬▬▬▬▬▬▬▬▬▬ ,

né le , à , canton d ,

département d ,

A tenu une bonne conduite pendant tout le temps qu'il est resté sous les drapeaux, et qu'il a constamment servi avec honneur et fidélité.

A , le 19 .

Le Président de la Commission spéciale,

APPROUVÉ :

Le Général de brigade,

— 157 —

CORPS D'ARMÉE.

MODÈLE Nº 13.

Art. 189 du règlement du 25 mai 1910.

Désignation du corps ou de l'unité.......

FORMAT : 31 × 20.

REGISTRE DES PUNITIONS.

PUNITIONS DEMANDÉES.				PUNITIONS PRONONCÉES.				OBSERVATIONS
Date.	Par qui.	Contre qui.	Motif.	Date.	Par qui.	Punition infligée.	Libellé.	

N 78.

6

TABLE DES MATIÈRES.

Ire PARTIE.

PRINCIPES DE COMMANDEMENT ET D'ORGANISATION.

TITRE Ier.

LE COLONEL.

CHAPITRE Ier.

DEVOIRS GÉNÉRAUX.

CHAPITRE II.

AUXILIAIRES DU COLONEL.

TITRE III.

LE CAPITAINE.

***

CHAPITRE VI.

DEVOIRS GÉNÉRAUX.

CHAPITRE VII.

AUXILIAIRES DU CAPITAINE.

CHAPITRE VIII.

L'UNITÉ HORS RANG.

IIe PARTIE.

RÈGLES D'EXÉCUTION.

***

TITRE IV.

DISCIPLINE GÉNÉRALE.

***

CHAPITRE IX.

RÈGLES COMMUNES AUX DIVERS GRADES.

CHAPITRE X.

RÈGLES RELATIVES A L'EMPLOI DU PERSONNEL.

CHAPITRE XI.

CHEVAUX ET ÉCURIES.

TITRE V.

LES SERVICES.

CHAPITRE XII.

SERVICE GÉNÉRAL DU CORPS.

CHAPITRE XIII.

SERVICE PARTICULIER DU GROUPE.

CHAPITRE XIV.

SERVICE PARTICULIER DE L'UNITÉ.

CHAPITRE XV.

SERVICE DES GARDES ET PIQUETS. — POLICE GÉNÉRALE DE LA CASERNE.

CHAPITRE XVI.

SERVICE MÉDICAL.

CHAPITRE XVII.

SERVICE VÉTÉRINAIRE.

CHAPITRE XVIII.

SERVICE DES DISTRIBUTIONS.

1° PRESCRIPTIONS GÉNÉRALES.

2° EXÉCUTION DU SERVICE.

CHAPITRE XIX.

SERVICE DE L'OFFICIER TRÉSORIER.

CHAPITRE XX.

SERVICE DE L'OFFICIER D'HABILLEMENT.

CHAPITRE XXI.

SERVICES DU MATÉRIEL.

CHAPITRE XXII.

SERVICES DIVERS D'INSTRUCTION.

CHAPITRE XXIII.

SERVICE POSTAL ET TÉLÉGRAPHIQUE.

TITRE VI.

CÉRÉMONIAL. — REVUES ET INSPECTIONS. — COMMISSIONS.

CHAPITRE XXIV.

CÉRÉMONIAL.

CHAPITRE XXV.

REVUES ET INSPECTIONS.

CHAPITRE XXVI.

COMMISSIONS.

TITRE VII.

LES SANCTIONS.

CHAPITRE XXVII.

PRINCIPES D'APPLICATION.

CHAPITRE XXVIII.

RÉCOMPENSES.

CHAPITRE XXIX.

PUNITIONS.

CHAPITRE XXX.

SANCTIONS DISCIPLINAIRES SPÉCIALES.

CHAPITRE XXXI.

DETTES.

CHAPITRE XXXII.

COMMUNICATION DE DOSSIERS.

CHAPITRE XXXIII.

SANCTIONS N'AYANT PAS LE CARACTÈRE DISCIPLINAIRE.

CHAPITRE XXXIV.

RÉCLAMATIONS.

IIIᵉ PARTIE.

ROLE DU HAUT COMMANDEMENT.

TITRE VIII.

DEVOIRS DES OFFICIERS GÉNÉRAUX.

CHAPITRE XXXV.

SURVEILLANCE ET CONTRÔLE DES OFFICIERS GÉNÉRAUX.

IVᵉ PARTIE.

DISPOSITIONS PARTICULIÈRES AUX DIVERSES ARMES.

TITRE IX.

TROUPES MÉTROPOLITAINES.

CHAPITRE XXXVI.

INFANTERIE.

CHAPITRE XXXVII.

GÉNIE.

CHAPITRE XXXVIII.

CAVALERIE.

CHAPITRE XXXIX.

ARTILLERIE.

CHAPITRE XL.

TRAIN DES ÉQUIPAGES MILITAIRES.

CHAPITRE XLI.

SECTION FORMANT CORPS.

CHAPITRE XLII.

GENDARMERIE.

TITRE X.

TROUPES COLONIALES.

CHAPITRE XLIII.

DISPOSITIONS SPÉCIALES AUX TROUPES COLONIALES.

DISPOSITIONS GÉNÉRALES.

MODÈLES

TABLE ALPHABÉTIQUE.

Paris et Limoges. — Impr. et libr. milit. H. CHARLES-LAVAUZELLE.

www.ingramcontent.com/pod-product-compliance
Lightning Source LLC
Chambersburg PA
CBHW072236270326
41930CB00010B/2157